◉ 建築工学 ◉
EKA-1

新・建築材料Ⅰ〈第2版〉
［構造材料編］

横山　裕・三上貴正・田中享二 共著

数理工学社

ライブラリ「建築工学」について

建築物は，それが建っている場所に固定されるといってよい．地球上の場所は，場所ごとに異なる特性をもっている．部材や部品は工場で大量に生産されたとしても，建築物を，それが支えられている地盤も含めて，全体としてとらえれば，建築物は現地で単品生産されるといえる．

個人の住宅，会社の社屋，公共施設，等，いずれにしても建築物は建主にとってかなり高価である．それは，建築物に多量の資源とエネルギーを使用していることを意味する．それゆえ，建築物は，長期間利用せざるを得ない．性能評価も長期間を対象としなければならない．

数十年あるいは数百年に一回といった自然現象，すなわち，大地震，強風，豪雨，等，に対する性能は，当然のことながら，その現象を被る機会が少ない分，検証しにくく，評価がむずかしい．竣工時から自然災害を被るまでの時間が長いため，責任の所在も曖昧になりがちである．地震で建築物が大きな被害を受けたとき，設計事務所も建設会社もすでに存在していない可能性もある．

建築物を取り扱う学問である建築学は，相当に幅広い範囲を包含しなければならない．比較的小さな領域を分野と考え，具体的に分野を列挙してみれば，計画，歴史，意匠，構造，材料，設備，環境，等となる．建築物に関しては，法令による規制も多々あり，法に関する知識も不可欠である．

これまで述べてきたような特質を有しているので，建築に係わる専門家には，建築物を生産，管理，利用し，最終的に取り壊すまでの過程を総合的に把握することが要求される．建築学を体系的に理解することが肝要となる．

物事を体系的にとらえる能力は，失われつつあるような気がする．情報処理と通信の技術が発達し，極めて大量の細切れの情報を容易に入手し得る，便利な社会になった結果であると考えている．

失いつつあるものに歯止めをかける方法の一つは，その原因となる状況が生ずる前の仕組みで教育することであろう．いうまでもないことであるが，大学の教員にとっては，関連する分野を体系的にまとめておくことが必須である．そこに，個人であれ，数人の仲間であれ，学者あるいは学派としての独自の資料と解釈が芯となっていることが重要である．

このように考えていたので，数理工学社による教科書ライブラリ「建築工学」の企画を伺ったとき，即座に賛同した．建築の各分野で，大学学部の講義に使用することを想定したコア書目と，大学院生，技術者を対象としたアドバンスト書目が配されている．ライブラリ「建築工学」が大いに活用されることを望んでいる．

2004 年 2 月　　（文責：瀧口　克己）

編者　瀧口　克己・田中　享二・梅干野　晁・大佛　俊泰

ライブラリ「建築工学」書目一覧

コア書目	アドバンスト書目
1　新・建築材料 I〈第 2 版〉［構造材料編］	A－1　建築エンベロープの性能と材料
2　新・建築材料 II〈第 2 版〉［部位構成材料・機能材料編］	A－2　自然災害の防災システム
3　建築構造工学	A－3　地震防災システム
4　建築構造力学入門	A－4　建物の動特性
5　建築構造工学演習	A－5　建築デザインの科学
6　西洋建築史	A－6　都市空間データ分析
7　建築計画学入門 —建築空間と人間の科学—	A－7　環境設計 —そのプロセスと実例—
8　建築・都市環境工学の基礎	別巻 1　非線形構造力学 —構造物の多軸挙動と塑性論—
9　視環境設計入門 —見え方から設計する光と色—	別巻 2　基本建築構造力学 —片持ち線材の挙動—
10　都市・建築の環境設計 —熱環境を中心として—	別巻 3　線材力学の基礎 —ひずみと応力の解析からの展開—
11　水環境から給排水設備	
12　音と振動	
13　空気清浄設備	
14　建築と都市の環境	（A: Advanced）

第2版まえがき

本書は，建築の初学者に，建築材料について楽しく学んでもらうことを意図して書かれたものである．建築学の中でも比較的地味な分野である建築材料を楽しく学ぶためには，最初から個々の材料に焦点を当てるのではなく，まず，完成品である建築物の姿をイメージすることが大切である．また，構造材料に関しては，その材料を使った建築物の成り立ち，すなわち構法の観点から整理して学ぶことにより，材料の変遷や技術開発の歴史だけでなく，建築とその地域の文化や人々の世界観との関わりまで見えてくる．そこで，本書では，はじめに，構法ごとの代表的な建築物に触れる．つぎに，各構法の建築物を，屋根，壁，床といった部位に，さらに柱，梁といった部材にと徐々に分解してゆき，最後に各部材に使われている材料にたどり着く．その過程で，建築物のどの部分にどの材料がどのように使われているかを知ることができる．さらに，それらを知った段階で，各材料の性質や特徴に関する解説を紐解くことにより，なぜそのような使われ方をしているのか，構造安全性や耐久性確保の仕組みについて，原理原則から理解できる．本書のこのような構成は，通常の建築材料の教科書とは逆であり，初版から続く大きな特徴となっている．

本書で対象とする材料の種類も，基本的に初版を踏襲しているが，内容は，近年の技術開発動向をふまえ，一部アップデートしている．具体的には，技術的に成熟しつつある高強度コンクリートに関する記述の充実，中・大規模木造建築物を中心に急速に普及した木質材料であるCLT（Cross Laminated Timber）の追加，プレストレストコンクリートのPC鋼線などに用いられるピアノ線の追加，施工後30年が経過し明らかとなってきた膜材料の耐久性に関するデータの紹介，などが挙げられる．あわせて，図，表，写真を適宜追加あるいは差し替えることにより，視覚的な理解の向上にも努めている．また，各章の最後の演習問題についても，宮内博之氏が作成した初版の問題の一部を，本文の改訂に応じて，福田眞太郎君がアレンジもしくは新規作成している．さらに，本書をまとめるにあたっては，数理工学社編集部の田島伸彦氏，足立 豊氏に，数々の無理な相談に対応していただくなど，多大なる御協力をいただいた．4 氏に，心よりの謝意を表するものである．最後に，木質系材料の図を快く御提供下さいました林 知行博士，東京工業大学水力実験室本館の写真掲載に御尽力いただきました山﨑鯛介博士をはじめ，貴重な図，表，写真を引用させていただいた多くの方々に，厚く御礼申し上げます．

2021 年 4 月 14 日

執筆者を代表して　横山 裕

初版まえがき

本書は，主として学部の初学者の教育を目的として書かれたものである．その内容は筆者等が行ってきた建築材料学の講義を基に，さらに，どのように説明すれば建築材料を学ぼうとする学生にとって，理解が容易で確実に身につくかの議論を重ね，新たに整理，構成したものである．

ポイントは，建築材料は必然をもって建築に使われているのだということを理解してもらうことにある．初学者にとって重要なのは，何故その材料がそこに使われるのかということに対する理解である．材料個々の製造と性質を知っただけでは，知識としての材料は学んだが，建築材料を理解したことにはならない．要求される事項と，それを満足させる材料とが調和して建築材料となる．そのことを理解してもらえば本書の役割は終わる．

建築では使われる材料の種類が膨大であり，そのすべての理解は専門家といえども困難である．ましてや初学者にとっては不可能に近い．ただ基本を理解してもらえば，新材料に遭遇したとしても，建築材料的価値を適切に判断することができる．単なる知識だけではなく，その力も養ってほしいと思う．

また最近は，建築学科を卒業してはいないが，建築関係の仕事に従事している人が非常に増えている．いろいろ悩みを聞くと，自身が担当している部分の材料や構法，施工はよく知っているが，建築材料全体がわからないため人知れず苦労するとのことである．そういうことも考慮し，建築分野以外のいわば素人といわれる人々にも，建築材料を系統立てて学べるように工夫してある．

また本書では，理解を確実にさせるため演習問題を用意した．その作成には若き建築材料の学徒である宮内博之君の全面的な協力を得た．

なお，本書のなかの木質系材料については，林知行博士の懇切な指導を賜った．この場を借りて心よりの謝意を表すものである．

2004 年 3 月

田中享二
三上貴正
横山　裕

目　　次

第1章

第2章

第3章

鋼構造に用いる材料 111

第4章

組積造に用いる材料　137

第5章

膜構造に用いる材料　157

第 II 巻［部位構成材料・機能材料編］の内容

第1章

鉄筋コンクリート構造に用いる材料

鉄筋コンクリート構造はドロ状の材料を固める一体式構法にルーツを持つ．一体式構法では，いかに安全で大規模な建築物を造るかに，努力が払われてきた．それを可能にしたのが，鉄筋とコンクリートの組合せである．そのため，鉄筋およびコンクリートの基本的な性質について説明している．建築材料の中でコンクリートは唯一建築技術者が，製造から施工まで関与する材料である．そのため建築技術者には，セメント，骨材などの材料の特性の把握から，調合，施工に至るまで，全ての過程に関する知識が必要とされる．本章では，自ら実際にコンクリートを作ることができる水準までの力がつくことを目指している．

1.1　鉄筋コンクリート構造の原理および概要

1.1.1　一体式構法の発達

水を加えてドロドロにした材料を，型枠に流し込むなどの方法で所定の形状に造形し，乾燥させて固めて1つの建築物とする，このような建築の構法を，**一体式構法**，あるいは**鋳固式構法**という．

一体式構法の建築物における代表的な材料の1つに，**土**が挙げられる．我が国ではほとんど見られないが，世界に目を移すと，写真1.1，1.2に例を見るように，土造りの建築物は現在でも多数存在する．これらは，アフリカや中近東の砂漠地帯などに多く分布している．小さな草木もあまり生えない，非常に乾燥した地域である．身近に大量にあり，容易に調達できるモノで建築物を造るのが，時代，場所を超えた共通の基本事項である．

土造りの建築物における造り方のバラエティを，図1.1に示す．図の(1)に示

写真 1.1
アイトベンハッドウのカスバ［モロッコ］
(写真提供：麓和善 氏 (名古屋工業大学名誉教授))

写真 1.2
ジェンネのモスク［マリ］

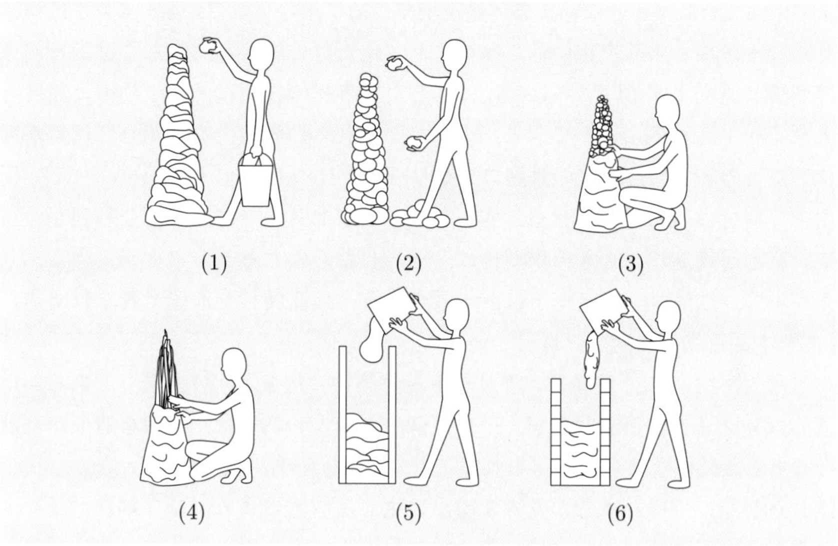

図 1.1　土造りの建築物の造り方

すとおり，はじめは，ただ単に土に水を加えて混ぜ，それを積み重ねる方法で建築物を造っていたが，やがて (2)〜(6) に示すように，より効率よく，丈夫で長持ちする方法に発達した．(2) は土で泥まんじゅうを作り積み上げる方法，(3) は小石や砂利を積み上げ土を塗り付ける方法，(4) は草木などを芯にしてそれに土を塗り付ける方法，(5) はせき板を作り中に土を流し込む方法，(6) はせき板の代わりに小石やれんがなどを積み上げた中に土を流し込む方法である．このうち，(2) は，第 4 章で述べる組積式構法につながるものである．また，(3) や (6) は，一体式構法ともとれるし，組積式構法ともとることができる．2 つの構法は，その分布地域や材料も重複している部分が多々あり，類縁関係にあるといわれている．

屋根，壁，床，天井などの建築部位の中で，土で最も容易に造れるのが，壁である．このことは，乾燥した地域における建築物に対する要求と合致している．乾燥した地域では，安全，快適な空間を創造するために，強固な壁を造り，熱風や外敵の進入を遮断する必要がある．すなわち，最も重要な部位は，壁なのである．この点も，第 4 章で述べる組積式構法と共通している．

さて，図 1.1 の (3) に示した小石や砂利は，土よりも強い材料を入れることにより，強度を低下させないまま体積を増すために用いられている．また (4) に示したように草木の芯を用いることにより，土だけの場合と比較して強度や耐久性が著しく向上する．さらに (5) に示したせき板の技術は，施工効率と精度を大きく向上させることができる．そして，これらの考え方を継承し，材料が変化したものとして，現在の**鉄筋コンクリート**（Reinforced Concrete；RC）構造を位置付けることができる．すなわち，土がセメントに，小石や砂利が骨材に，草木が鉄筋に，せき板が型枠に，発展したものと考えることができる．したがって，鉄筋コンクリートは，一言でいうと，乾燥した地域で育まれてきた「遮断する建築」に適した材料といえる．

写真 1.3，1.4 に，鉄筋コンクリート造建築物の例を示す．土造り，あるいは鉄筋コンクリート造を問わず，一体式構法の最大の長所は，自由な造形が可能なことと，強固な接合部が得られることである．一方，最も大きな弱点として，流し込む際に用いた水分が乾燥する際に生じる収縮により，ひび割れが発生する点が挙げられる．これに対応するために，古くから人々は，土の中に切りわらや草を混入した．これらは，土同士の接着性を良くするとともに，乾燥を促進し，さらに乾燥収縮を低減する効果がある．また図 1.1 の (4) に示した草木の芯も，同様の効果がある．そして，現在，コンクリートに鉄筋を入れる目的の 1 つとしても，同様の効果を挙げることができる．

写真 1.3
ロンシャン教会
［フランス，設計：ル・コルビジェ］
（写真提供：麓和善 氏（名古屋工業大学名誉教授））

写真 1.4
東京工業大学水力実験室本館
［東京都，設計：谷口吉郎，
昭和初期の代表的建築物］
（写真提供：谷口建築設計研究所）

1.1.2　力 学 原 理

コンクリートは，大雑把にいうと，砂利や砂を，セメントに水を混ぜてできる**セメントペースト**という接着剤でつなぎ合わせたものである．したがって，圧縮に対しては強いが，引張りに対しては非常に脆い．

図 1.2 に鉄筋コンクリート構造の力学原理を示す．

図の (1) は，梁である．両端が剛接合されたラーメン構造の梁の場合，一般に，固定荷重や積載荷重などの鉛直方向の荷重に対して曲げ変形を起こすため，端部では上端に引張り，下端に圧縮の力が，また中央近傍では逆に上端に圧縮，下端に引張りの力が，常時働く．このような梁をコンクリートだけで造ると，引張力が働く部分が荷重に耐えきれず，崩壊する．そこで，引張力が働く部分に，軸方向に鉄筋を挿入する．すると，引張力を鉄筋が負担することにより，梁の曲げ強度が著しく向上する．

図の (2) は，比較的長い柱である．柱頭，柱脚とも剛接合されたラーメン構造の長柱の場合，地震時には曲げ変形を起こし，柱頭，柱脚近傍に引張力が働くため，コンクリートだけで造ると，その部分が荷重に耐えきれず，崩壊するこ

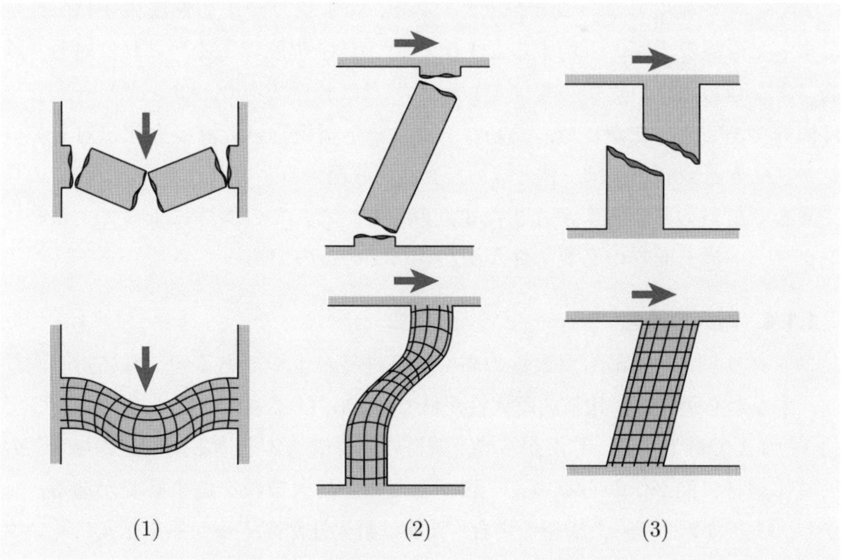

図 1.2　鉄筋コンクリート構造の力学原理

ととなる．梁と同様，引張力が働く部分に，軸方向に鉄筋を挿入することにより，耐震性の高い柱とすることができる．

図の (3) は，比較的短い柱である．ラーメン構造の短柱の場合，地震時には，図に示すとおり剪断変形を起こし，柱内に斜め方向の引張力が働くため，コンクリートだけで造ると，それと直交する方向に破断し崩壊する．地震の揺れは両方向だから，結局，X 型の破断面が生じる．このような剪断型の破壊に対処するためには，破断面と直交する方向，すなわち斜め方向に鉄筋を挿入するのが最も効果的であるが，施工が非常に困難なため，実際には，軸直交方向に鉄筋を挿入することにより，耐震性を高めている．

以上に述べたように，圧縮に強いが引張りに弱いコンクリートに対し，引張力が働く部分に鉄筋を挿入し引張力を負担させることにより，各部材の強度を高めるのが，鉄筋コンクリート構造の力学原理の基本といえる．

1.1.3 温度変化に対する一体化の原理

鉄筋コンクリート構造物が地球上で良好な状態で存続し続けるためには，日々の温度変化に伴う膨張，収縮により，コンクリートと鉄筋の間に体積変化の差による応力が発生しないことが重要である．コンクリートの**熱膨張率**は，種類によっても異なるが，平均すると $1.0 \times 10^{-5}/°\mathrm{C}$ 程度である．これに対し，鉄筋，すなわち鋼材の熱膨張率は $1.1 \times 10^{-5}/°\mathrm{C}$ 程度であり，コンクリートとほぼ同等である．したがって，鉄筋コンクリート構造物は，温度変化に対してコンクリートと鉄筋がほぼ一体となって膨張，収縮するといわれている．2 つの全く異なる材料の熱膨張率がたまたま近似していた，この偶然によって，鉄筋コンクリート構造成立の必要条件が満たされているのである．

1.1.4 耐火の原理

コンクリートは，最も耐火性の高い建築材料の 1 つである．これに対し，鉄筋，すなわち鋼材は，比較的耐火性が低く，500 °C で強度は約 1/2，900 °C で約 1/10 まで低下する．したがって，鋼材のみで構造体を造る鋼構造の場合，火災時に鋼材に熱が伝わらないようにするための耐火被覆を施す必要がある．しかし，鉄筋コンクリート構造の場合，鉄筋は耐火性が高くかつ熱を伝えにくいコンクリートの中に埋め込まれている．すなわち，コンクリートが鉄筋の耐火被覆の働きをするため，鉄筋コンクリート構造は高い耐火性を得ることができる．

1.1.5　耐久性原理

コンクリートの劣化要因の1つに，ひび割れが挙げられる．そして，1.8.5項で述べるとおり，鉄筋の挿入は，ひび割れの抑制に効果がある．

一方，鉄筋，すなわち鋼材の劣化要因の1つに，腐食が挙げられる．したがって，鋼構造の場合，鋼材には塗装やメッキなど，何らかの防食処理を施す必要がある．しかし，鉄筋コンクリート構造の場合，鉄筋はコンクリートの中に埋め込まれている．このコンクリートは，セメントの水和反応の過程で生成する $Ca(OH)_2$ の働きで，強アルカリ性を示す．強アルカリ性の環境下では，腐食は発生しない．すなわち，コンクリートが鉄筋の防食の働きをしていることになる．

以上に述べたように，鉄筋コンクリート構造では，コンクリートと鉄筋が互いに弱点を補い合うことにより，高い耐久性を得ている．

1.1.6　コンクリートと鉄筋の働き

ここまで述べてきたように，鉄筋コンクリート構造は，コンクリートと鉄筋の熱膨張率の偶然の一致に成立の基盤をおき，それぞれの長所を活かしながら短所を互いに補い合う形で，高強度，高耐火性，高耐久性を実現している，非常に合理的な複合材料といえる．表1.1に，コンクリートと鉄筋の働きの相互関係をまとめて示す．

表1.1　コンクリートと鉄筋の働きの相互関係

コンクリート		鉄　筋
熱膨張率 $1.0 \times 10^{-5}/°C$	≒	熱膨張率 $1.1 \times 10^{-5}/°C$
引張りに弱い	←	補　強
乾燥収縮する	←	ひび割れ防止
被　覆	→	熱に弱い
被　覆	→	錆びる
拘　束	→	座屈する

1.1.7　鉄筋コンクリート構造の概要

鉄筋コンクリート構造の建築物は，その構造形式から，**ラーメン構造**と，**壁式構造**の2つに大別できる．

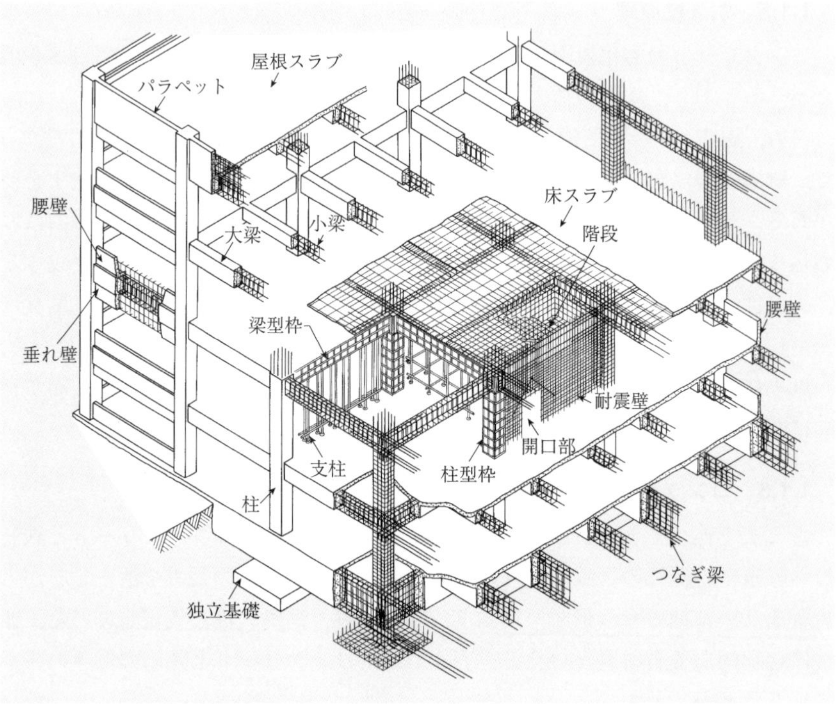

図 1.3　鉄筋コンクリート構造の概要（ラーメン構造）[3]

図 1.3 に，ラーメン構造の概要を示す．ラーメン構造は，屋根や床に加わる鉛直荷重を，梁から柱に流し地盤に伝達する構造形式で，地震時に作用する水平荷重に対しては，適所に配置した**耐震壁**で抵抗するものである．耐震壁以外の壁は，腰壁，垂れ壁，袖壁も含め構造上は意味を持たない．このような壁を総称して，**帳壁**という．

図 1.4 に，柱，梁，床および耐震壁内の配筋の概要を示す．

柱内には，**主筋**，**帯筋**，**筋違筋**が配筋される．それぞれの働きは，以下のとおりである．

- **主筋**：圧縮力，曲げ力に抵抗する．
- **帯筋**：剪断力に抵抗する．主筋の座屈を防止する．
- **筋違筋**：施工中の変形を防止する．

梁内には，主筋，**あばら筋**，**腹筋**，**幅止め筋**が配筋される．それぞれの働き

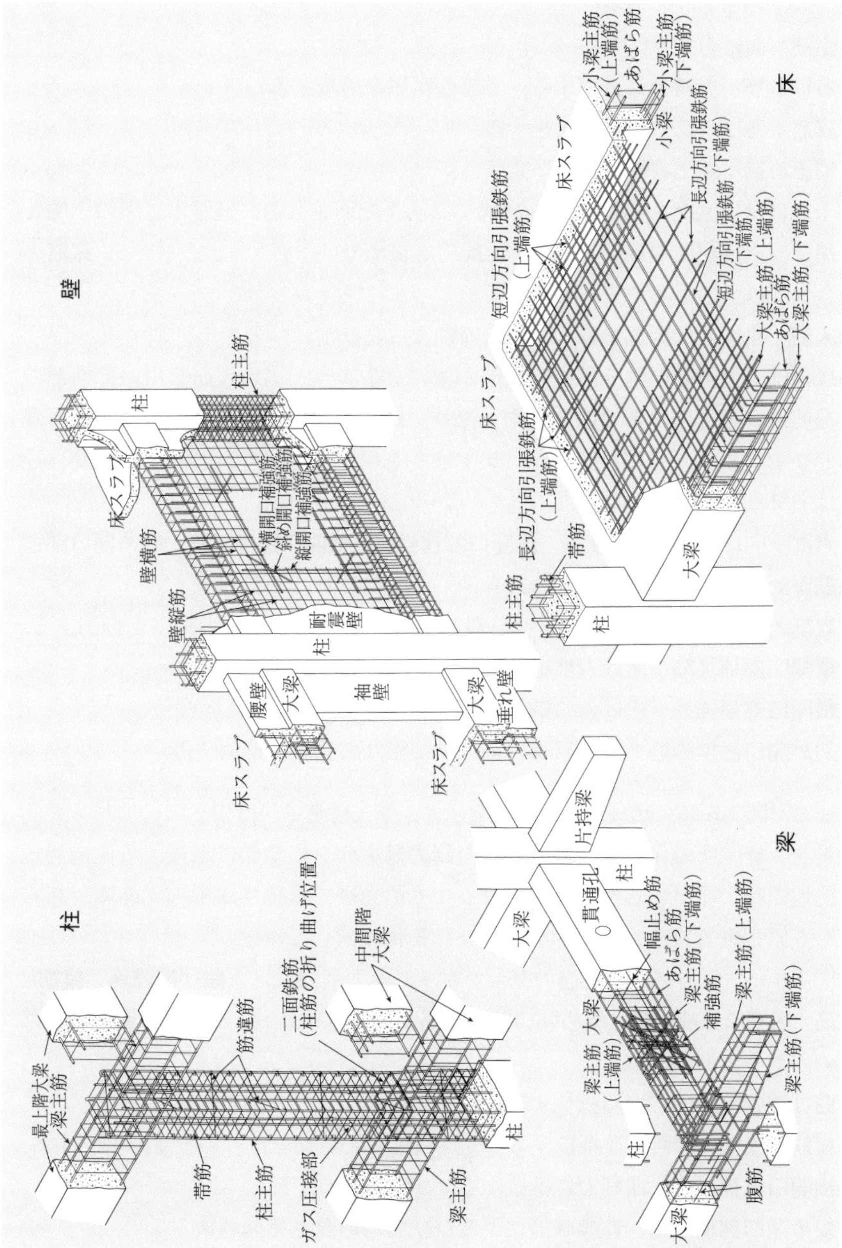

図 1.4　柱，梁，床および耐震壁内の配筋の概要 [3]

は，以下のとおりである．

- **主筋**：曲げ力に抵抗する．
- **あばら筋**：剪断力に抵抗する．主筋の座屈を防止する．
- **腹筋**：あばら筋の座屈を防止する．
- **幅止め筋**：施工中の変形を防止する．

床内には，直交2方向にもち網状に鉄筋が配筋される．通常は，床の上端と下端に二重に配筋する（このような配筋を現場では「ダブル」と呼ぶ）．**床筋**の働きは，以下のとおりである．

- **床筋**：曲げ力に抵抗する．乾燥収縮によるひび割れの発生を抑制する．

以前は，引張力が働く部分の鉄筋が密になるよう，短い鉄筋を用いて端部の上端筋，中央近傍の下端筋を増やしたり，端部では上端筋，中央近傍では下端筋となるよう折り曲げた鉄筋（ベント筋）を用いる方法も行われていたが，近年はあまり見かけなくなった．

耐震壁内には，**縦筋・横筋**，**縦開口部補強筋**，**横開口部補強筋**，**斜め開口部補強筋**が配筋される．それぞれの働きは，以下のとおりである．

- **縦筋・横筋**：剪断力に抵抗する．乾燥収縮によるひび割れの発生を抑制する．
- **縦開口部補強筋**：曲げ力に抵抗する．
- **横開口部補強筋**：曲げ力に抵抗する．
- **斜め開口部補強筋**：乾燥収縮によるひび割れの発生を抑制する．

一方，図1.5に，壁式構造の概要を示す．壁式構造は，屋根や床に加わる鉛直荷重を，柱，梁の代わりに設けられた**耐力壁**を介して地盤に伝達する構造形式で，地震時に作用する水平荷重に対しても耐力壁で抵抗するものである．高くても5階程度までの，比較的小規模な建築物に適している．

図1.6に，耐力壁内の配筋の概要を示す．耐力壁内には，**曲げ補強筋**，**縦筋・横筋**，**横開口部補強筋**，**斜め開口部補強筋**が配筋される．それぞれの働きは，以下のとおりである．

- **曲げ補強筋**：曲げ力に抵抗する．
- **縦筋・横筋**：剪断力に抵抗する．乾燥収縮によるひび割れの発生を抑制する．
- **横開口部補強筋**：曲げ力に抵抗する．
- **斜め開口部補強筋**：乾燥収縮によるひび割れの発生を抑制する．

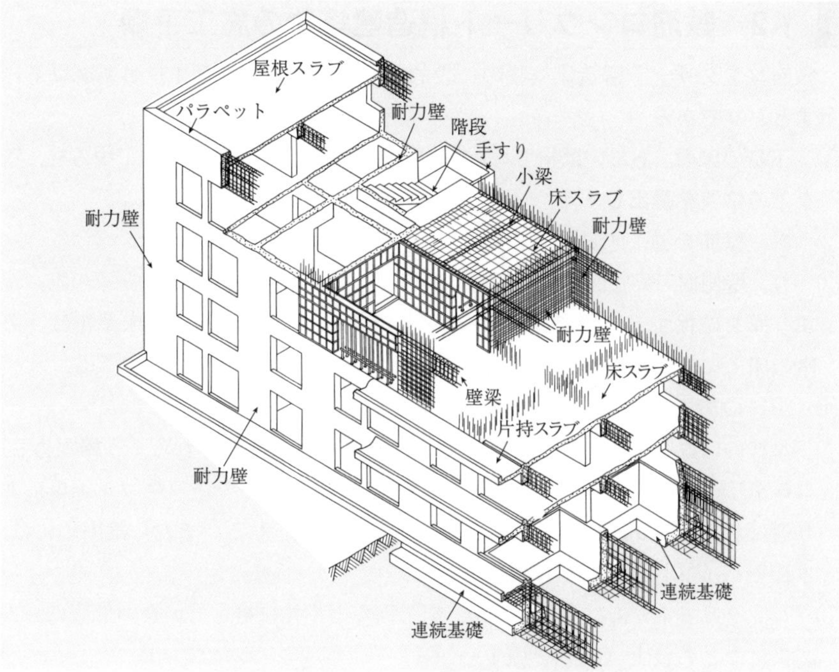

図 1.5　鉄筋コンクリート構造の概要（壁式構造）[3]

曲げ補強筋は，壁端部，隅角部，開口部側部などに設け，基礎から壁頂まで連続させる．開口部側部に設ける曲げ補強筋は，耐震壁における縦開口部補強筋も兼ねている．また，横開口部補強筋は，横方向に連続させることにより，下階の開口部上部の補強筋と上階の開口部下部の補強筋とで，**壁梁**を構成する．

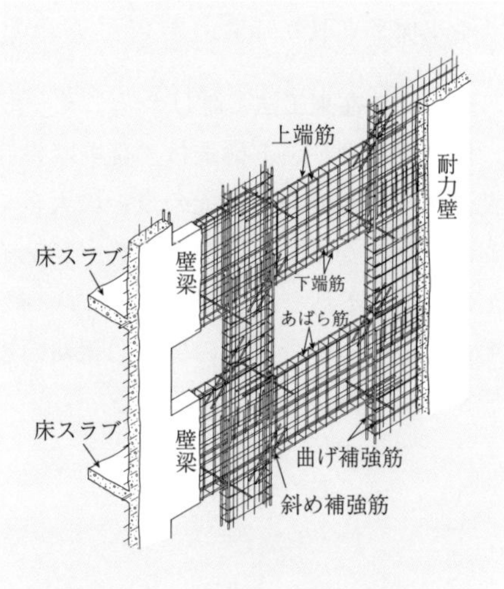

図 1.6　耐力壁内の配筋の概要 [3]

1.2 鉄筋コンクリート構造建築物の施工手順

鉄筋コンクリート構造建築物の一般的な施工手順は，写真 1.5 および以下に示すとおりである．

① 下階の床面，あるいは捨てコンクリート面などに，これから施工する柱，壁などの位置を**墨出し**する．

② 柱，壁筋を施工する．

③ 柱，壁側面，梁底面および側面，床底面の順に**型枠**を施工する．その際，かぶり厚を確保する目的で，**スペーサ**を適宜挿入する．梁および床型枠は，下階の床上に**支保工**を建てて支持する．

④ 型枠の施工状況に合わせて梁，床筋を施工する．

⑤ 型枠内にコンクリートを流し込み，隅々まで十分に充填されるよう**締固める**．コンクリートは，通常，アジテータ（生コン車）でプラント（生コン工場）より運ばれ，**ポンプ圧送**により打込み位置まで運搬される．また，締固めには，木槌やバイブレータなどが用いられる．

⑥ コンクリートが凝結する過程で，床上面など型枠に接していない部分に，こて掛けなどの仕上げ作業を施す．

⑦ 温度や水分量などに配慮した適切な方法で，コンクリートを**養生**する．

⑧ コンクリートが硬化し，所定の強度が発現したことを確認した上で，型枠や支保工を取り外す．

以上が，**在来工法**と呼ばれるごく一般的な施工法である．

鉄筋コンクリート構造は，現場での施工に負うところが大きいため，施工の良否がその建築物の性能の良否に大きく影響する．じゃんか，コールドジョイント，かぶり厚不足，初期凍害，ドライアウト，過大たわみなど，不適切な施工が原因の不具合は枚挙に暇がない．最近では，PC 化や機械化など，品質の向上および安定した品質の確保，工期の短縮，人手不足への対応などを意図した様々な新工法が開発されている．

写真 1.5　鉄筋コンクリート構造建築物の施工手順（写真提供：戸田建設）

1.3　鉄筋に要求される性質と一般的知識

1.3.1　鉄筋に要求される性質

鉄筋には，十分な強度と，コンクリートとの良好な付着性（一体性）が要求される．また，必要に応じて良好な溶接性や耐食性も要求される．

なお，鉄筋コンクリート構造では，主にコンクリートとの一体性の観点より，鉄筋の**降伏点**（3.5節参照）領域までの力学的特性が重要であることから，鉄筋の場合は引張り強さではなく，降伏点（あるいはそれに対応する0.2％耐力）により分類，命名される．

1.3.2　鉄筋の種類

JISに定められている鉄筋（鉄筋コンクリート用棒鋼）の種類を表1.2に示す．鉄筋には，**丸鋼**と**異形棒鋼**の2種類があり，鉄筋の種類を示す「SR235」，「SD345」などの記号の2文字目の「R」は丸鋼を，「D」は異形棒鋼を示す．また，記号の3桁の数字は，鉄筋の降状点の下限値を示す．異形棒鋼は異形鉄筋とも呼ばれる．鉄筋の直径に関しては，6 mmから51 mmのものまでおおよそ3〜4 mm間隔で製造されている．一般的な鉄筋コンクリート部材の場合，丸鋼では直径が19 mm以下，異形棒鋼では41 mm以下のものが使用される．

コンクリートと鉄筋の一体性を確保するためには丸鋼より異形棒鋼のほうが優れているので，現在は異形棒鋼が主に使用されている．異形棒鋼の例を図1.7に示す．同図のように，異形棒鋼の凹凸パターンとして種々のものが検討，実

表1.2　鉄筋コンクリート用棒鋼の性質および径または呼び名[13], [65]

区　分	種類の記号	降伏点または 0.2％耐力 *) (N/mm^2)	引張り強さ (N/mm^2)	径または呼び名
丸　鋼	SR 235	235 以上	380〜520	9ϕ, 13ϕ, 16ϕ, 19ϕ, 22ϕ, 25ϕ, 28ϕ, 32ϕ
	SR 295	295 以上	440〜600	
異形棒鋼	SD 295 A	295 以上	440〜600	D6, D10, D13, D16, D19 D22, D25, D29, D32, D35 D38, D41, D51
	SD 295 B	295〜390	440 以上	
	SD 345	345〜440	490 以上	
	SD 390	390〜510	560 以上	
	SD 490	490〜625	620 以上	

［注］ ∗ 0.2％耐力は，永久ひずみ0.2％で観測する．

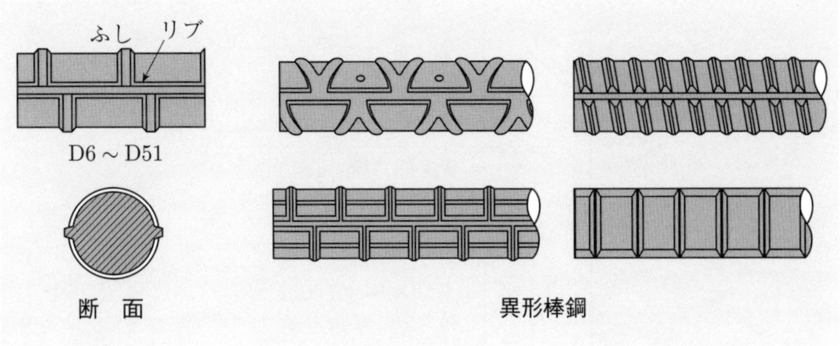

図 1.7　鉄筋コンクリート用異形棒鋼の例（嶋津他著「建築材料」（森北出版）より）

用化されている.

鉄筋には，その製造工程により，高炉材と電炉材（3.4 節参照）の 2 系統があるが，今日，鉄筋の多くは電炉材である．購入した鉄筋の特性は鉄鋼メーカーが発行するミルシートと呼ばれる検査証明書で保証されている.

1.3.3　鉄筋の定着と接合方法

鉄筋コンクリート構造において鉄筋が正しく応力を負担，伝達するためには，鉄筋の定着と接合が重要である.

鉄筋の定着とは，柱と梁の接合部などにおいて鉄筋とコンクリートの一体性を確保するため，鉄筋の端部にフックを付けるなどして，一方の部材中の鉄筋を，他方の部材の中まで深く埋め込むことをいう（図 1.8 参照）．相手部材中に埋め込んだ鉄筋部分を**定着部**，またその長さを**定着長さ**と呼ぶ．定着長さは，鉄筋の種類，コンクリート強度および鉄筋に生じる最大引張応力度などにより定まる.

鉄筋の長さには限りがあるため，場合により接合する必要が生じる．鉄筋の接合を**継手**といい，生じる応力が小さい箇所で継ぐのが原則である.

鉄筋の接合方法（継手）には重ね継手，ガス圧接継手，機械式継手，溶接継手がある．かつては，図 1.9 に示す重ね継手とガス圧接継手が多く採用されたが，近年は機械式継手，溶接継手も普及した.

重ね継手とは，同図のように鉄筋を平行に重ね合わせ，結束線（針金）で止め，周囲のコンクリートとの付着を利用して鉄筋を一体化させるもので，重ね長さが重要となる．原則として，直径 35 mm 以上の異形鉄筋には重ね継手は用いない.

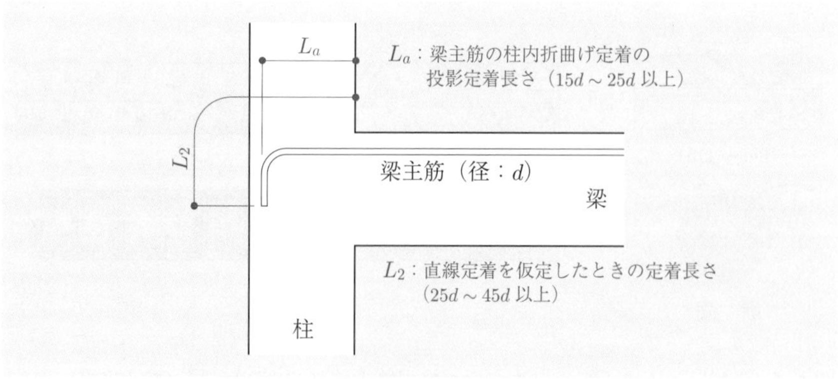

図 1.8 鉄筋の定着の例（ト形接合部梁主筋）

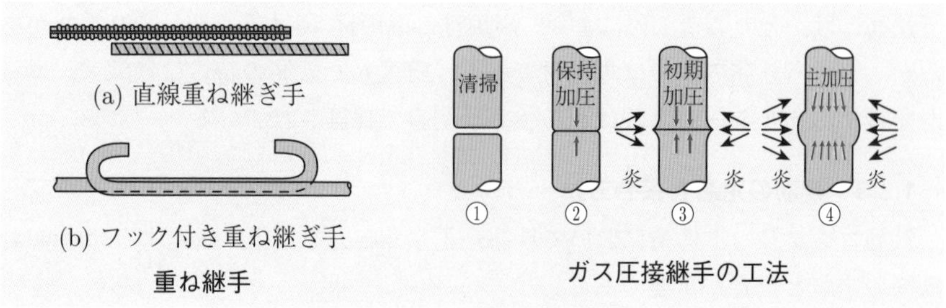

図 1.9 鉄筋の接合方法の例 [5]

ガス圧接継手は，鉄筋を突き合わせ，接合部を酸素・アセチレン炎で加熱しながら圧力を加えて接合する．接合部はこぶ状となり，接合部の引張強度は一般に鉄筋の通常部分の引張強度より大きい．ただし，曲げ加工を施す箇所には使用しない．また，圧接用の装置や技術が重要であり，鉄筋の材質によっては圧接できないものもある．

機械式継手とは，スリーブまたはカプラーと呼ばれる筒状の部品を鉄筋端部に被せ，異形鉄筋の節とスリーブのかみ合いやねじによる接合を利用して鉄筋を一体化させる工法である．機械式継手の例を写真 1.6 に示す．

溶接継手では，鉄筋端部を突き合わせ，溶接棒を用いたアーク溶接により鉄筋を一体化させる工法が多く用いられる．

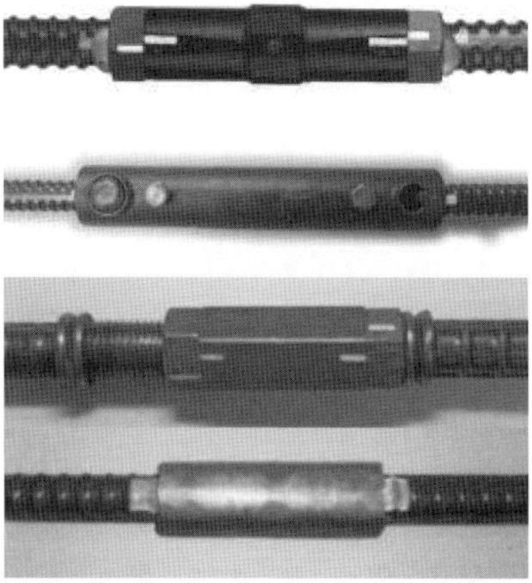

(a) ねじ節鉄筋継手の例

(b) モルタル充填継手の例

(c) 端部ねじ加工継手の例

(d) 鋼管圧着継手の例

写真 1.6　鉄筋の機械式継手の例（写真提供：日本鉄筋継手協会）

古代のコンクリート

人間は古くから石灰などを成分とするコンクリート的な材料で建造物を構築してきた．このような「古代コンクリート」を用いた建造物としては，イスラエルに約 9000 年前，中国に約 5000 年前，エジプトに約 3600 年前のものが残っている．イタリアにある約 1900 年前のコロセウム（円形劇場：長径約 188 m，短径約 156 m）やパンテオン（半球ドーム，中空の壁：直径約 43 m）は，当時としては緻密で強度の高い「ローマンコンクリート」が用いられていることでも非常に有名である．

1.4　コンクリートの構成と材料

1.4.1　コンクリートの構成

コンクリート（concrete）とは，写真1.7に示すように，構成材料であるセメント（cement），水，細骨材（砂），粗骨材（砂利）を目的に応じた構成比率でよく練り混ぜ，硬化させたものである．良いコンクリートでは，構成材料が均等に分散し，かつ強固に一体化している．ただし，拡大写真に示すように，コンクリートは微視的には複雑な構造の多孔質材料であり，この微視的構造がコンクリートの種々の特性に関係する場合が多い．構成材料には，後述するように目的に応じて様々な混和材料も用いられる．

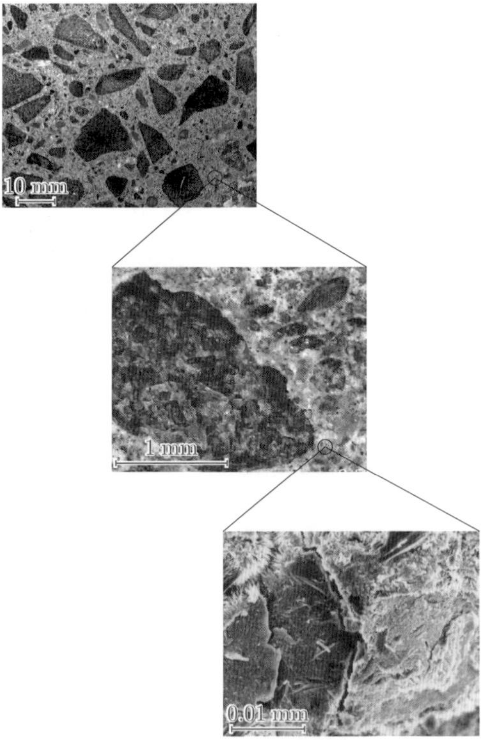

写真 1.7　硬化コンクリートの断面写真

セメントと水を混ぜたものは**セメントペースト**（cement paste）といい，コンクリートにおいて接着剤（結合材）の役目を果たしている．一般的なコンクリートの場合，骨材の強度は十分に大きいので，コンクリート全体の強度はセメントペースト硬化体の強度にほぼ支配される．セメント，水，細骨材だけで粗骨材を含まないものは**モルタル**（mortar）といい，左官材料などに用いられる．

練り混ぜ後のまだ固まらないコンクリートは**フレッシュコンクリート**（fresh concrete）ともいい，これに対し，固まったものは**硬化コンクリート**という．一般的なフレッシュコンクリートでは，容積で見ると，数%の空気を含み，セメントペースト3割，細骨材3割，粗骨材4割程度の構成比率である（図1.10）．この比率は，コンクリートの強度や耐久性，あるいは施工性，経済性などに関する様々な検討や実績に基づき定められたものであり，実務においては後述するような調合設計により使用目的に適応した構成比率が決定される．

なお，フレッシュコンクリート中の水とセメントの混合比（重量比）を**水セメント比**といい，今日，コンクリートの強度を検討する際の重要な指標となっている．

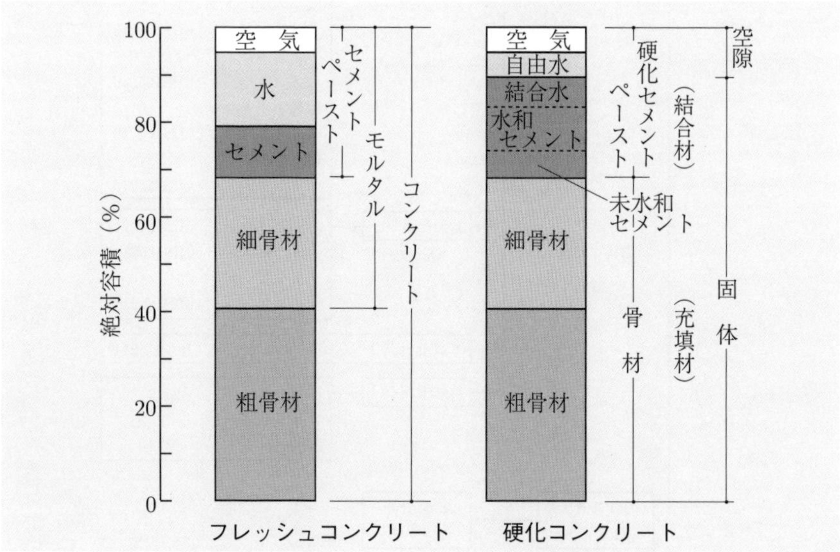

図1.10　コンクリートの構成材料の容積率の例[5]

1.4.2　コンクリートの材料

(1)　セメント

(a)　概要

セメントとは，広義には軟らかな状態で塗布または充填した後，硬化し，接着力を持つ材料全てをいう．建築の分野では一般に石灰などを主成分とした無機質接着材をセメントといい，通常はコンクリートに用いられる水硬性セメントを指す場合が多い．**水硬性**とは水と混ぜ合わせると固まる性質をいう．今日，**普通ポルトランドセメント**（normal portland cement）と呼ばれる種類が最も多く使用され，水硬性セメントの全生産量の 9 割以上を占める（図 1.11）．

なお,「ポルトランドセメント」という命名は，19 世紀初頭に発明された近代セメントの色調が英国産のポルトランドストーンという石材に似ていたことに由来する．

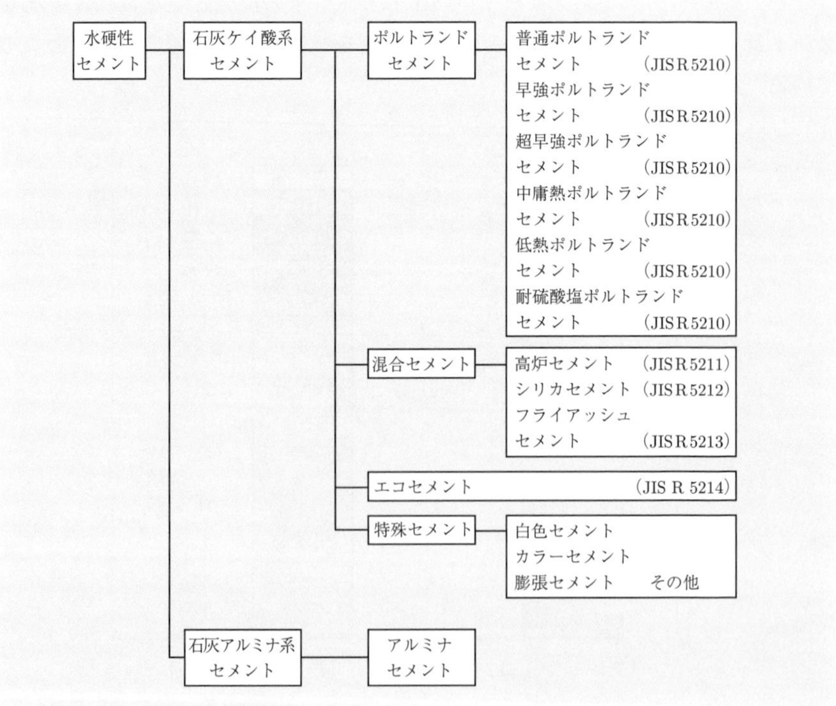

図 1.11　主な水硬性セメントの種類

(b)　ポルトランドセメントの製法

ポルトランドセメントは石灰石，粘土，けい石，鉱滓などの原料を粉砕，調合し，高温焼成（1400〜1500 °C）して**セメントクリンカー**を得た後，これに凝結時間調整用の石こうを添加し，粉砕して作られる（図 1.12，写真 1.8）．セメント原料の主要な化学成分は，生石灰（CaO），ケイ酸（SiO_2），アルミナ（Al_2O_3），酸化第二鉄（Fe_2O_3）などの酸化物であるが，セメント粉体中の主要化合物はやや複雑であり，C_3S，C_2S，C_3A，C_4AF と略記される（図 1.13）．

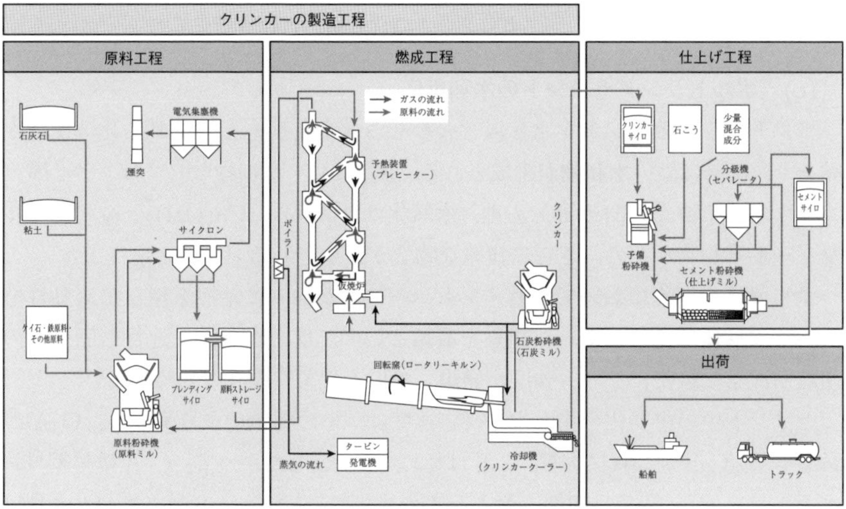

図 1.12　ポルトランドセメントの製造工程
（「セメントの常識」（セメント協会）より）

写真 1.8
サスペンションプレヒータ（仮焼炉）とロータリーキルン（回転窯）
（写真提供：太平洋セメント）

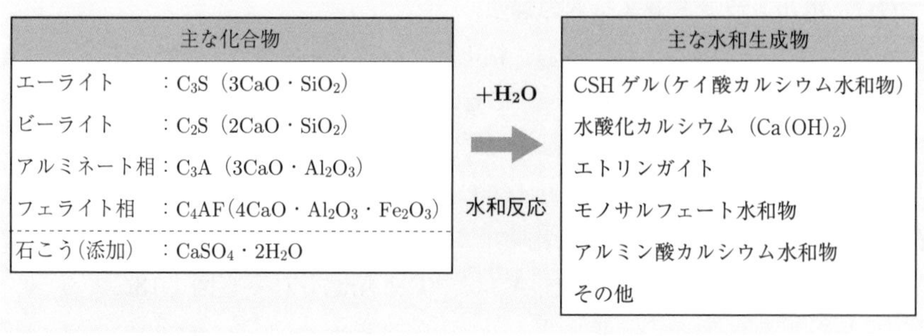

図 1.13　ポルトランドセメントの化合物および水和生成物 [5]

(c)　ポルトランドセメントの水和反応

ポルトランドセメントを水と混ぜ合わせると水和反応と呼ばれる化学反応が始まり，次第に固い**水和物**が生成される（図 1.14）．水和物としては，ケイ酸カルシウム水和物（CSH ゲル）の他，水酸化カルシウム（$Ca(OH)_2$）やモノサルフェート水和物などの，さらに複雑な物質が生成される（図 1.13）．

水和反応の過程において，セメントペーストが徐々に粘性を増して流動性を失い，固形体に遷移していく現象を**凝結**といい，反応がさらに進行し固形体の組織が次第に緻密になり，強度が**発現**していく現象を**硬化**という．

セメント中の主要化合物の水和反応速度は，その種類により異なり，C_3A が最も早く，C_3S がこれに次ぎ，C_2S は極めて遅い．したがって，C_3A は早期（およそ1日まで），C_3S は中期（およそ1カ月まで），また C_2S は長期（1カ月以降）の，セメントの強度発現の主因となる．

水和過程では**水和熱**と呼ばれる熱が発生し，特に反応初期の発熱量が多い（図 1.15）．また，反応速度の速い成分ほど水和熱も大きく，

$$C_3A > C_3S > C_2S$$

の順になる．水和熱はコンクリート工事において役立つ場合もあるが，コンクリートの性状に悪影響を及ぼす場合もある．

ポルトランドセメントは，表 1.3 に示すように，普通ポルトランドセメントの他にも用途別にいくつかの種類があり，それぞれ化合物の構成比率が異なる．図 1.16 に各種セメントの**強度発現性状**の例を示す．一般に，早期に強度が発現しやすいセメントほど長期の強度は増進しにくい．

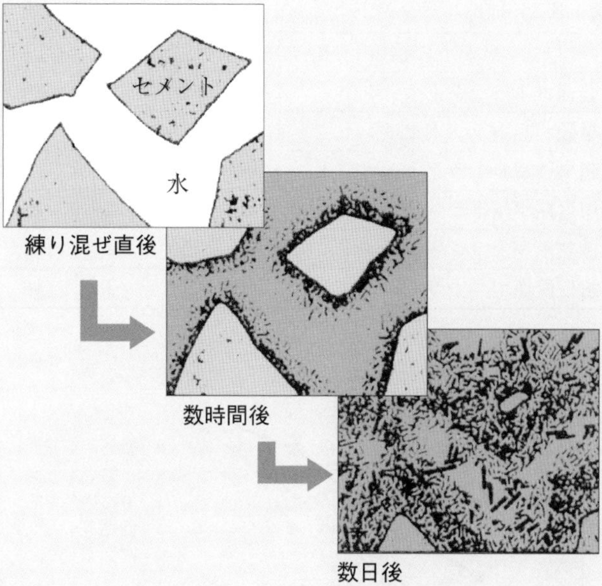

図 1.14　セメントの水和反応過程[12]

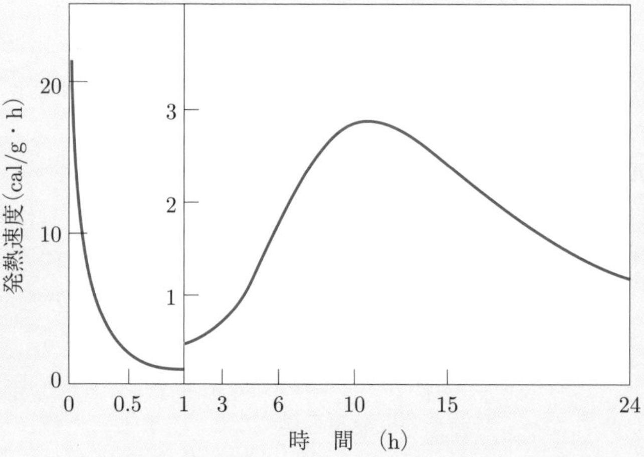

図 1.15　ポルトランドセメントの水和発熱速度
（嶋津他著「建築材料」（森北出版）より）

表 1.3　各種ポルトランドセメントの主要化合物の比率の例 [5]

セメントの種類	C_3S	C_2S	C_3A	C_4AF
普通ポルトランドセメント	50	24	9	9
早強ポルトランドセメント	66	11	8	8
超早強ポルトランドセメント	68	6	8	8
中庸熱ポルトランドセメント	42	36	4	12
低熱ポルトランドセメント	25	56	2	11
耐硫酸塩ポルトランドセメント	60	18	2	14

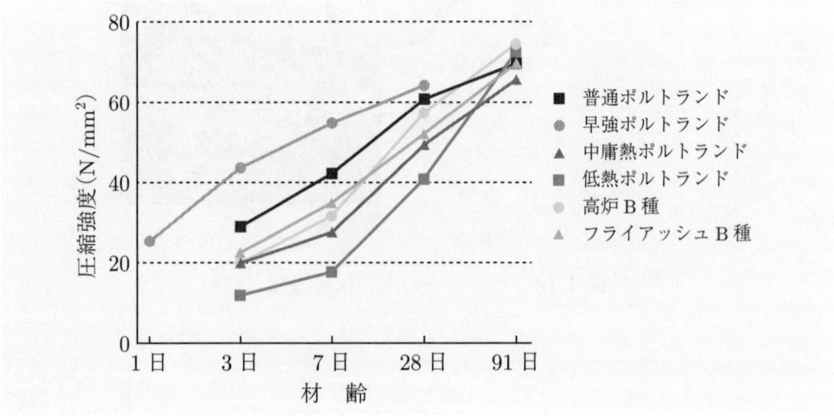

図 1.16　各種セメントの強度発現性状（「セメントの常識」（セメント協会）より）

(d)　ポルトランドセメントの密度，粉末度，風化

普通ポルトランドセメントの密度は約 3.16 g/cm^3 であり，実際にはセメント粒子間に隙間があるため，**単位容積質量**（容器に詰めたセメントの質量を容器の容積で除した値）は 1.5 g/cm^3 程度である．セメント粉末の細かさ（**粉末度**）は，セメント 1 g 当たりの全表面積を示す**比表面積**（cm^2/g）で表す．普通ポルトランドセメントの粉末度は 2500 以上である．粉末度の高いセメントほど水和反応は早く，したがって凝結や強度発現も早くなる．しかし，一般に早期の強度発現が早いポルトランドセメントは，長期強度発現は劣る場合が多い．また，セメントの粉末度が高いと使用前に湿気を吸いやすく，その結果，使用時に硬化不良となる**風化**と呼ばれる品質劣化を起こしやすい．

(e) ポルトランドセメントのアルカリ性，中性化

セメントペースト硬化体は，当初は強いアルカリ性（pH 12.5〜13）を示すが，長い年月の間に徐々に空気中の炭酸ガス（CO_2）と反応し，最終的には中性になる．これを**中性化**（1.8.1 項参照）という．

(2) 骨材

(a) 概要

1.4.1 項で述べたように，骨材（砂や砂利）は容積的にコンクリートの大半を占めることから，骨材の強度あるいはその他の物理的，化学的性質は，コンクリート全体の品質や性状に直接的に影響する．したがって，良いコンクリートを製造するためには，優れた品質の骨材を使用することが重要である．

(b) 寸法による骨材の分類

頑健なコンクリートを製造するためには，コンクリート中にできるだけ高密度かつ均等に骨材を分布させる必要があり，そのためには骨材の形状や寸法，さらに寸法の分布状態が重要である．また，骨材の寸法，形状はフレッシュコンクリートの施工性（流動性）にも影響を与える．

骨材は寸法により細骨材（砂）と粗骨材（砂利）に分類される．**細骨材**とはふるい目の開き寸法が 10 mm のふるいに対し質量の全てが通過し，かつ 5 mm のふるいに対し質量の 85 %以上が通過する骨材をいう．**粗骨材**とは同じ 5 mm のふるいに対し質量の 85 %以上が留まる骨材をいう．また，粗骨材に関しては，質量の 90 %が通過するふるいのうち最小寸法のふるいの寸法をもってその**粗骨材の最大寸法**という．粗骨材の最大寸法はコンクリートを打ち込む隙間（空間）の寸法を考慮して決定され，通常の建築部位に打ち込まれるコンクリートの場合 20 mm である．

(c) 骨材の粒度

骨材の寸法分布を**粒度**といい，具体的には，試験用の 1 組の標準ふるいを用いてふるい分け試験を行い，各ふるいを通過するもの（あるいは，留まるもの）の質量百分率を，図 1.17 のように折れ線グラフとして粒度を表す．図 1.17 は，建築用コンクリートの骨材の標準的な粒度を示している（日本建築学会コンクリート工事標準仕様書（JASS 5））．コンクリート中の骨材の比率を高めるためには適切な粒度が必要である．また，細骨材の粒度は，フレッシュコンクリート

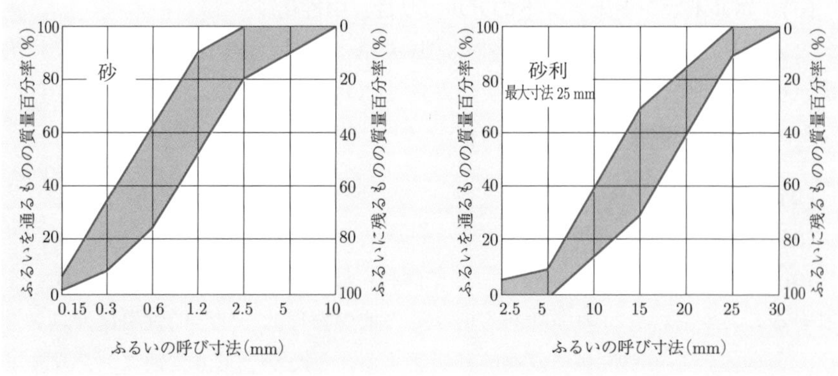

図 1.17　骨材の粒度 [5]

の作業性（ワーカビリティー：workability）や材料分離抵抗性に影響を及ぼす．

また，骨材の粒度を表す簡便な指標に**粗粒率**（F.M.: Fineness Modulus）がある．粗粒率の定義は以下のとおりである．

$$\text{粗粒率}\ F.M. = \frac{\begin{pmatrix}\text{0.15, 0.3, 0.6, 1.2, 2.5, 5, 10, 20, 40 mm の各ふるいに}\\ \text{留まる骨材の全骨材に対する重量百分率の総和}\end{pmatrix}}{100}$$

粗粒率が大きいほど骨材として粗いといえる．粗粒率は，細骨材では 2〜3 程度，粗骨材では 7〜8 程度である．ただし，粗粒率が同じであっても，粒度まで全く同じとは必ずしもいえないことに留意する必要がある．

(d)　骨材の形状

コンクリートを施工する際には，フレッシュコンクリートに適切な流動性が要求される．コンクリートの調合が全く同じ場合でも，骨材の形状が異なると流動性も異なり，一般に丸い滑らかな形状の骨材の場合は，角張ってざらざらした骨材の場合より流動性に優れたコンクリートとなる．

(e)　採取場所，製造方法による骨材の分類

かつて我が国では良好な骨材を採取できる河川が多く，そのためコンクリートには河川の砂，砂利（川砂，川砂利）がよく用いられた．しかし，現在はコンクリートの使用量が膨大であり（年間，約 8000〜9000 万 m^3），骨材の必要量

を確保するために，**山砂**，**山砂利**，あるいは**海砂**，**海砂利**などの河川以外で採取される骨材も使用されている．また，以上の天然骨材の他，現在は岩石を人工的に砕いた**砕砂**，**砕石**も多く用いられる（写真 1.9 左）．さらに近年は古いコンクリートから製造した**再生骨材**の使用も試みられている．

砕石

人工軽量骨材

写真 1.9　粗骨材の例（(右) 写真提供：日本メサライト工業）

(f)　密度による骨材の分類

一般に岩石は質量が大きいほど組織が緻密で強度が大きく，吸水率も小さい．骨材はその密度により分類され，一般的な骨材（**普通骨材**）の密度は $2.6\,\mathrm{g/cm^3}$ 程度である．普通骨材の他，**重量骨材**（密度 $3\sim5\,\mathrm{g/cm^3}$），**軽量骨材**（密度 $1.2\sim1.8\,\mathrm{g/cm^3}$）があり，重量骨材は放射線遮蔽用などの重量コンクリートに，また，軽量骨材は軽量コンクリートに使用される．近年は特に強度の高い**人工軽量骨材**の開発が盛んである（写真 1.9 右）．

(g)　骨材の単位容積質量，実積率

普通骨材の場合の**単位容積質量**は，細骨材では $1.5\sim1.8\,\mathrm{kg}/\ell$ 程度，粗骨材では $1.6\sim1.8\,\mathrm{kg}/\ell$ 程度である．また，骨材がある空間（容器）にどの程度隙間なく詰まるかを表す指標として**実積率**がある．実積率とは，単位容積に仮に骨材が隙間なく完全に充填した場合の質量（意味的に，密度に同じ）に対する，骨材の単位容積質量の百分率をいう（図 1.18）．細骨材，粗骨材それぞれ単独の実積率は 55～70％程度であるが両者を混ぜ合わせた状態での実積率は最大で 80％程度になる．実積率は基本的に大きいほうが望ましいが，骨材が細かいものに偏っても実積率は低下し，図 1.17 に示したように最適な粒度範囲が存在する．

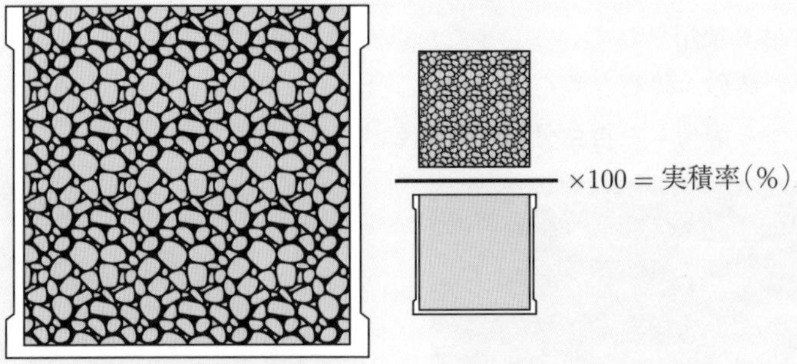

図 1.18　骨材の実積率

(h)　骨材の含水状態

コンクリートの製造時に骨材の含水状態あるいはその管理が不適切な場合は，計画上の調合が適切であっても実際の調合はそれとは異なるため，コンクリートに所定の強度や流動性が現れない．したがって，骨材の水分の把握や管理は重要である．

骨材の含水状態は，一般に図 1.19 に示すように，絶乾，気乾，表乾，湿潤の 4 状態に分類される．**絶乾状態**とは，骨材の内部まで完全に乾いている状態をいう．**気乾状態**とは，骨材の内部にある程度の水分を含む状態をいう．仮に骨材を温湿度一定の気中に長期間放置した場合は，気乾状態における骨材内部の水分は空気中の水分と平衡状態になる．**表乾状態**とは，コンクリートの調合設計時の基本となる理想的な状態であり，骨材の内部は水で飽和しているものの，骨材の表面は乾燥している状態をいう．**湿潤状態**とは骨材表面が余剰の水分で濡れている状態をいう．

表乾状態の骨材が保持している水分の重量を，その骨材の絶乾重量で除した値（百分率）を**吸水率**という．一般的な細骨材の吸水率は 2％程度，粗骨材の吸水率は 1％程度である．一般的な骨材の場合，吸水率が大きいほど骨材中の空隙は多く，したがって品質も低い場合が多い．またコンクリートの実際の製造時には，骨材の含水状態の把握や，含水状態に応じた水量補正が必要である．

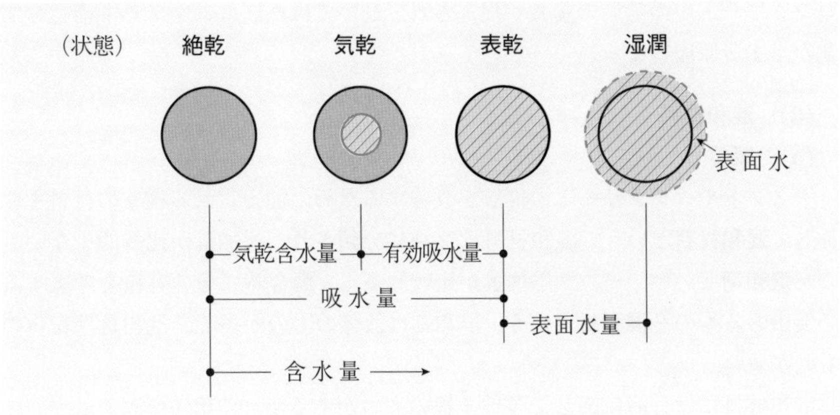

図 1.19　骨材の含水状態[5]

(i)　骨材の不純物

骨材の主な不純物には，泥分，有機不純物，反応性鉱物，および塩分がある．それぞれ，コンクリートの品質低下，硬化不良，膨張ひび割れ，および鉄筋の腐食促進の原因となる．

骨材表面に付着した**泥分**は，セメントペーストと骨材の付着性を低下させ，コンクリートの強度低下を引き起こす．またコンクリートの吸水率が大きくなるため，乾湿あるいは凍結融解の繰り返し作用に対して劣化しやすくなる．

山砂，山砂利には**有機不純物**が付着していることがある．有機不純物が多いとセメントの水和反応が阻害され，コンクリートの強度が十分に発現しない．なお，型枠用合板からも有機不純物である糖類が滲出し，型枠近傍のコンクリートの硬化を妨げる場合がある．

セメントは強いアルカリ性を示す材料であることから，骨材はアルカリに対して化学的に安定している必要がある．しかし，骨材の鉱物成分（シリカ質）の中には，セメント中のアルカリ分と反応して生成物を生じるものがある．生成物は吸水・吸湿すると膨張し，コンクリートにひび割れを発生させることがある．このような膨張劣化を引き起こす反応を，骨材の**アルカリシリカ反応**（または**アルカリ骨材反応**，1.8.4 項参照）という．

海砂，海砂利を十分洗浄せずに使用すると，これらに含まれる**塩分**のためにコンクリート中の鉄筋の腐食が促進され，ひいては鉄筋コンクリート構造の劣化が早まる原因となる．

(3)　混和材料

(a)　概要

セメントやコンクリートの性質を改善するために加えられる種々の材料を総称して**混和材料**という．混和材料は2種に分類され，添加量が比較的少ないものを**混和剤**といい，一方，添加量が比較的多く，調合時にその容積を考慮する必要のあるものを**混和材**という．混和剤は液体のものが多く，混和材は粉体のものが多い．

混和材料には目的に応じて多種多様のものがあるが，使用法を誤るとかえってコンクリートに害を及ぼす場合もあるため，混和材料を選定，使用する際にはコンクリートの種類，施工条件，あるいは使用状況などを十分検討する必要がある．以下に主要な混和材料について説明する．

(b)　AE剤（混和剤）

AE剤（Air Entraining Agent）とは，樹脂質あるいは油脂せっけん質の起泡剤であり，界面活性剤の一種である．AE剤をコンクリートに添加して練り混ぜると，コンクリート中に多数の微細かつ独立した気泡が均等に分散して発生する．これを**連行空気**（エントレインドエア：entrained air）という．気泡の大きさは100〜200μm程度のものが最も多く，連行空気のボールベアリングのような作用でフレッシュコンクリートは軟らかさが増し，作業性が改善される．また，連行空気による空隙が寒冷時における硬化コンクリートの水分の凍結時の膨張圧を緩衝するため，凍結融解作用に対するコンクリートの抵抗性（耐凍害性）が向上し，耐久性が良くなる．AE剤を用いたコンクリートの空気量は通常3〜6％程度である．

なお，AE剤を用いるとコンクリート中の空隙が増えるため，連行空気1％当たり強度は4〜6％程度低下する．しかし，実用の場面では（単位セメント量を一定とした場合），強度低下を補う分だけコンクリートの水セメント比を低減しても，AE剤の効果により，必要なワーカビリティーを確保することができる．

また，AE剤を用いないコンクリートにも練り混ぜ時に空気が1〜2％混入する．これを巻き込み空気あるいは潜在空気（エントラップトエア：entrapped air）

などと呼ぶが，巻き込み空気は寸法が大きく形状もいびつであり，連行空気のような効果はないとされている．

コンクリートの空気量は，一般に図 1.20 に示す装置で測定される．

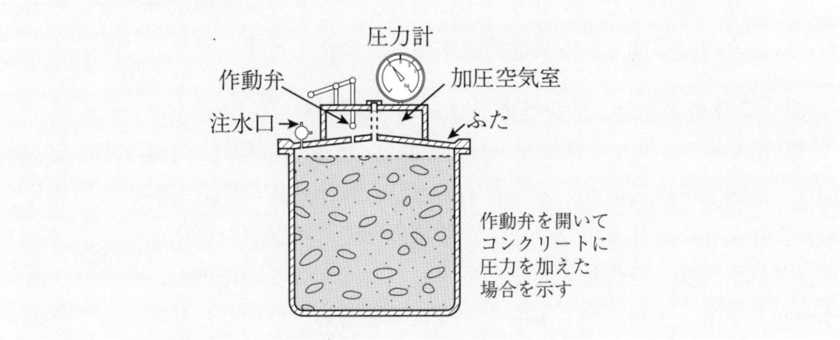

図 1.20 空気量の測定装置（空気室圧力法）（「セメントの常識」（セメント協会）より）

(c) 減水剤，AE 減水剤（混和剤）

減水剤も界面活性剤の一種であり，セメントペースト中のセメント粒子の界面に吸着し，静電気的な反発力をもたせてセメント粒子を個々に分散させ，その結果セメントペーストの流動性を増大させる．減水剤をコンクリートに添加して練り混ぜると，減水剤を添加しない場合と比較して，水量を減じても同じ流動性を得ることができるので，この名称がある．また，減水剤は湿潤作用によりセメントの水和活性を高める効果もある．

AE 減水剤とは，AE 剤と減水剤の両方の作用を兼ね備えた混和剤であり，今日広汎に使用されている．

減水剤と AE 減水剤はセメントの凝結速度を制御することができ，それぞれに遅延形，標準形，促進形の 3 種がある．

(d) 高性能減水剤，高性能 AE 減水剤（混和剤）

高性能減水剤と減水剤を区分する明確な定義や基準はないが，一般には減水剤の中でも特に高い減水性能を持つ混和剤を高性能減水剤と呼ぶ．通常の減水剤が 4〜6 %程度の減水効果（減水率）があるのに対し，高性能減水剤ではセメント粒子に付与する静電気的反発力が桁違いに大きく，調合や使用量によっては 20〜30 %の減水率を得ることも可能である．

高性能AE減水剤とは，AE減水剤よりも高い減水効果を有し，かつその効果が長く持続する混和剤をいう．近年の高強度コンクリートや高流動コンクリートなどに使用される．

施工現場に運搬したコンクリートに対し，コンクリートの流動性を高めるために打込み前に添加される高性能減水剤は流動化剤と呼ばれる．

(e)　フライアッシュ，シリカフューム（混和材）

フライアッシュやシリカフュームなどのケイ酸質の混和材（写真1.10）は，それ自体は固まる性質はないが，石灰または水酸化カルシウムと反応して硬化する．このような粉体を**ポゾラン**，またこの反応を**ポゾラン反応**という．コンクリートにポゾランを添加すると，長期にわたって強度が増進し，水密性や耐久性が向上する．また，粒子が細かく滑らかなため，ワーカビリティーを改善する効果もある．

フライアッシュとは火力発電所で石炭を燃焼させたときに，産業副産物としてできる燃焼灰のことである．フライアッシュを混合したセメントを**フライアッシュセメント**という．

シリカフュームとは粒径0.1 μm程度の球形の微粒子で，フェロシリコンや金属シリコンの製造時に発生する廃ガスを集じんすることにより得られる産業副産物のことである．シリカフュームはセメント粒子より小さく，セメント粒子間の隙間を充填してセメントペーストの強度を向上させるので，高強度コンクリートに使用される．

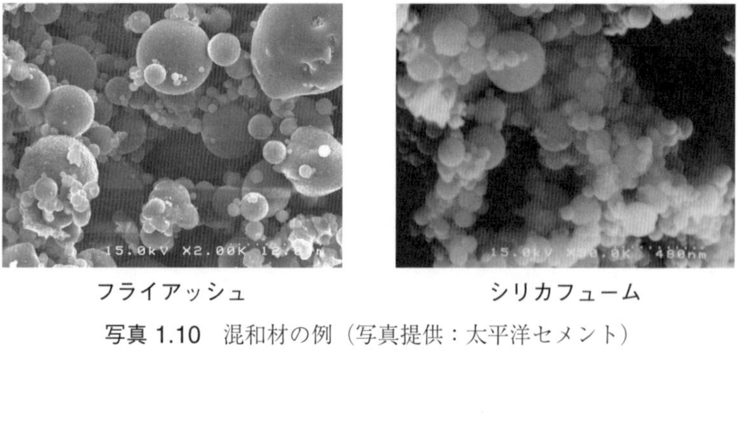

フライアッシュ　　　　シリカフューム

写真1.10　混和材の例（写真提供：太平洋セメント）

(f)　高炉スラグ（混和材）

高炉スラグとは製鉄所の溶鉱炉（高炉）で鉄を精錬する際，同時に生成する鉄以外の不純物が集まった非金属質鉱物のことである．高炉スラグは潜在水硬性を有し，単に水を混ぜただけでは硬化は起きないが，コンクリートに含まれるアルカリまたは硫酸塩などの刺激作用によって水と反応して水和物を生成する．

高炉スラグを混合したセメントを**高炉セメント**という．

(4)　水（練り混ぜ水）

練り混ぜ水には，清浄で，有害量の油，酸・塩類，有機物などを含まないものを用いる．上水道はそのまま使用できる．河川や湖沼の水，あるいは地下水を用いる場合は検査が必要である．

レディミックストコンクリート工場の洗い排水から得られる回収水（**スラッジ水**という）も，一定の基準を満たすものは練り混ぜ水に使用できる．

廃棄物の再利用とコンクリート

都市ゴミの焼却灰や乾燥させた下水汚泥を主原料として作ったセメントを**エコセメント**（JIS R 5214）といい，廃棄物問題を解決するための1つの手段として注目されている．最近では不要な成分を取り除く技術が進歩し，通常のセメントに近いものも製造されている．また，近年は骨材が不足する傾向にあるため，廃棄コンクリートや建設汚泥などから製造した再生骨材も検討されている．品質，コストなど検討すべき課題もあるが，廃棄物の再利用は今後ますます重要になると思われる．

1.5　コンクリートに要求される性質と一般的知識

1.5.1　施工時に要求される性質

(1)　コンクリートのワーカビリティー

ワーカビリティー（workability）は，「フレッシュコンクリートの作業性の難易の程度」と定義されている．一般に，ワーカビリティーに優れるコンクリートとは，練り混ぜやすく，施工条件に適した軟らかさを持ち，かつ運搬から打込み，締固め，仕上げなどの一連の施工過程において，水や砂利などの構成材料が分離しないコンクリートをいう．しかし，実際のコンクリート工事では施工部位，工法などの違いにより，要求される作業性の具体的内容は異なる場合がある．すなわち，例えば，状況によっては硬めのほうが作業しやすい場合もあり，逆に軟らかめのほうがよい場合もある．

ワーカビリティーは基本的に概念的，総括的な用語であり，ワーカビリティーに関連する，より具体的なコンクリートの性質としては以下が挙げられる．

(a)　流動性

フレッシュコンクリートの流動性（軟らかさ）は，一般に**スランプ試験**（JIS A 1101）により評価される．

スランプ試験は写真 1.11 に示す器具を用い，図 1.21 に示すようにスランプコーンにフレッシュコンクリートを詰め，コーンを静かに鉛直に引き上げた後のコンクリートの沈下量（**スランプ値**）を測定するものである．軟らかいコン

写真 1.11
スランプ試験用器具

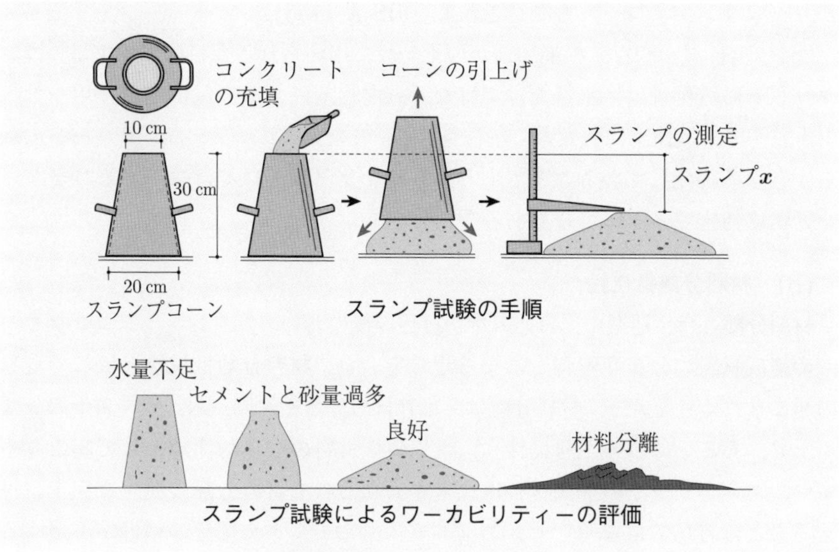

図 1.21　スランプ試験

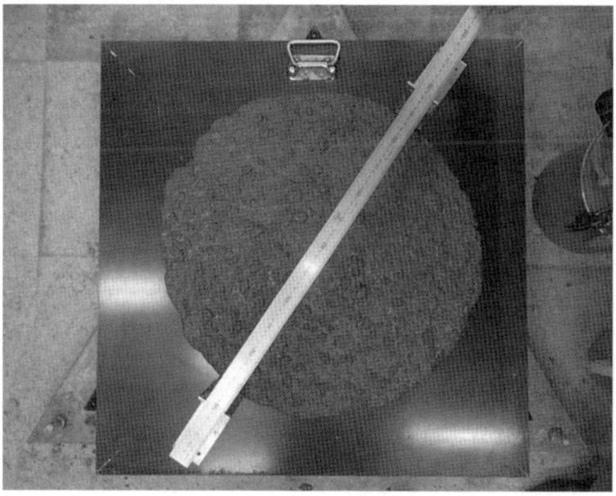

写真 1.12
スランプフロー試験
（写真提供：太平洋セメント）

クリートほどスランプ値は大きい．また，試験時にコンクリートの均質性，材料分離抵抗性などを定性的に評価することもできる．通常の建築のコンクリート工事では，スランプ値が 15～18 cm 程度のコンクリートが多く使用される．流動性の高いコンクリートの場合は，写真 1.12 に示すように，コンクリートの広がり（スランプフロー）も測定される（JIS A 1150）.

なお，AE 減水剤などの混和剤が広く一般に用いられる今日においては，コンクリートの流動性は，水量だけではなく，混和剤による空気の連行作用やセメント粒子の分散作用にも大きく左右される．また，フレッシュコンクリートの軟らかさが多様化していることもあり，スランプ試験だけではワーカビリティーを適切に判定できない場合もある.

(b)　材料分離抵抗性

材料分離とは，運搬中，打込み中，打込み後において，フレッシュコンクリートの構成材料の分布が不均一になる現象をいい，**材料分離抵抗性**とはこの現象の起こりにくさをいう．材料分離は，粗骨材の分離や沈降，水，ペーストの分離や上昇，あるいは水の上昇に伴う，水以外の材料の全体的沈降として起こりやすい．コンクリートの構成材料は比重が異なるので材料分離の発生を完全に抑えることは容易ではなく，セメントペーストやモルタル部分の粘性が不足する場合や水量が多い場合などに起こりやすい．材料分離のうち，水がコンクリートの上面に上昇する現象，または，コンクリート中の骨材や鉄筋の下面に上昇・滞留する現象を特に**ブリーディング**（bleeding）という（1.7 節，図 1.29 参照）.

(c)　フィニッシャビリティー

フィニッシャビリティー（finishability）とは，コンクリート床などの仕上げのしやすさをいい，粗骨材の最大寸法，細骨材の比率や粒度，単位水量に左右されるといわれている.

(2)　コンクリートの凝結・硬化特性

フレッシュコンクリートは，通常，主にセメント粒子の凝集作用により練り混ぜ直後から流動性の低下が始まる．その後，水和反応により凝結，硬化が進行し，ついにはフレッシュコンクリートの流動性は完全に失われる．すなわち，一般にフレッシュコンクリートのワーカビリティーは一定ではなく，刻々と変化する．したがって，コンクリート工事においては施工が完了するまでの間のコンクリートの凝結・硬化特性の把握，管理，制御が重要である.

コンクリートの練混ぜから打込み終了までの時間の限度は，原則として，外気温が 25 °C 未満のときは 120 分，25 °C 以上のときは 90 分とされている．コンクリートの凝結・硬化は，温度の他，セメントの種類・性状，混和剤の種類・

性能などの種々の要因に影響される．現状ではコンクリートの凝結・硬化を完全に制御できる方法はなく，通常は状況に応じて，凝結遅延剤や凝結促進剤，あるいは遅延形，促進形の AE 減水剤などが使用される．

コンクリートの凝結の進行は一般に**プロクター貫入試験**により測定される．この試験はコンクリート中のモルタル部分を抽出し，凝結の進行度を試験棒の貫入抵抗の大きさとして測定するものである．

1.5.2 構造体として要求される性質

(1) 強度性状

(a) 強度

構造材料は基本的に強度が大きいほど望ましいといえるが，コンクリートは相対的に圧縮強度が大きく，一方，引張強度，曲げ強度，剪断強度は相対的に小さい．圧縮強度とその他の強度との関係は，圧縮強度を 100 とすれば，引張強度，曲げ強度，剪断強度は，それぞれおおよそ 10，15，20 程度である．したがって，構造材料としては基本的にその圧縮強度が利用される．普通のコンクリートの圧縮強度は 18〜36 $\mathrm{N/mm^2}$ 程度である．

(b) 強度理論

コンクリートの強度理論としてよく知られているものに**水セメント比説**がある．この説は 1918 年に D. A. Abrams が発表したもので，その内容は「コンクリートが堅硬な骨材を用いて，骨材とセメントペーストが分離せず，空隙のないように作られた場合は，その強度はセメントペーストの強度に支配される．また，セメントペーストの強度はその濃度，すなわち水セメント比（水とセメントの重量比：W/C）により定まる」というものである．

水セメント比説は一般的な調合と軟らかさの範囲のコンクリートによく当てはまり，水セメント比と圧縮強度の関係は図 1.22(a) のような曲線関係になる．

ただし，水が少なすぎる場合には強度が発現しないことも明らかであり，セメント化学的には水和反応に必要な最低水量は W/C で 25％程度とされている．

また，水セメント比の逆数の**セメント水比**（C/W）と圧縮強度の関係は，一般的な調合の範囲では簡単な直線関係として表されるため（図 1.22(b)），現在ではこの直線関係を用いて強度やセメント水比（あるいは水セメント比）が算定されることが多い．図 1.22(b) の関係は，一般に下記の実験式により表され

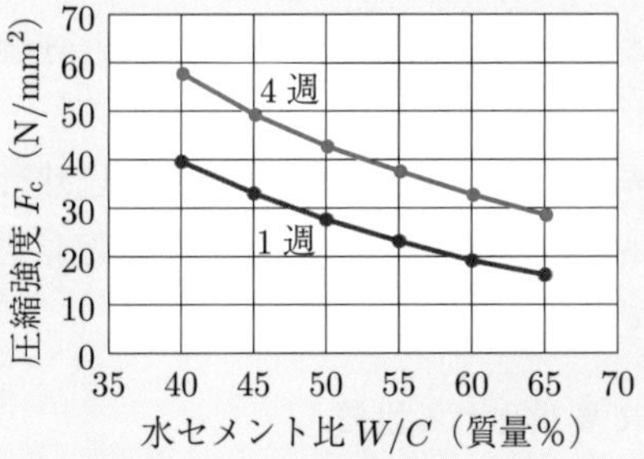

(a) 水セメント比と圧縮強度の関係の例

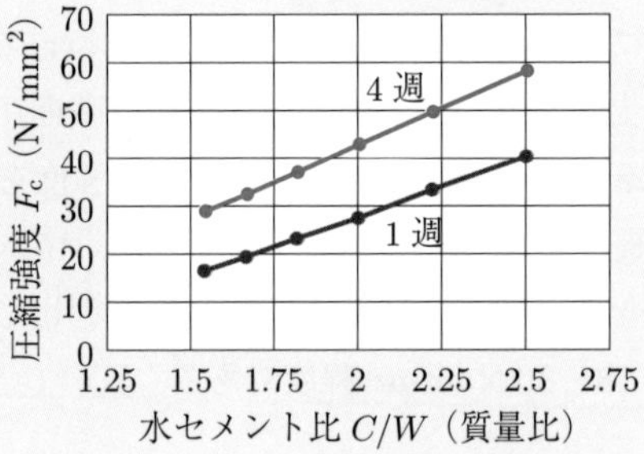

(b) セメント水比と圧縮強度の関係の例

図 1.22　水セメント比またはセメント水比と圧縮強度の関係の例

る（後述の表 1.11 も参照のこと）.

$$F_c = a + b\,C/W$$

ここに，F_c：圧縮強度（N/mm^2）

C/W：セメント水比

a, b：コンクリートの材料，試験方法などにより決まる定数

コンクリートの圧縮強度は，一般に，直径 10 cm，高さ 20 cm の円柱供試体について測定する．コンクリートの圧縮強度試験方法は JIS A 1108 に規定されており，試験時には圧縮応力が毎秒 0.6 ± 0.4（N/mm^2）増加する載荷速度にて圧縮する．写真 1.13 に圧縮試験状況の例を示す．

写真 1.13
コンクリートの圧縮強度試験状況

ちなみに，コンクリートの引張強度は，上記の円柱供試体を横に寝かせて，円柱の側面を平板で一様に圧縮する「割裂引張試験」により求めることが多い．この試験では，供試体が，圧縮応力による破壊ではなく，引張応力による破壊が先行して生じることを利用して，引張強度を求める．

(c)　強度発現と施工，養生，材齢

コンクリートの材料，調合あるいは養生が同じであっても，施工の良否によりコンクリートの強度は異なる．施工が不適切であると，コンクリート中に空隙が多く残ったり，あるいは無視できない材料分離が生じたりして，強度の低下を引き起こす．したがって，コンクリート本来の品質を実現するためには適切な施工が重要である．また，コンクリートのワーカビリティーが不適当な場合も結果的に同じような強度低下を招きやすい．

コンクリートの強度は，基本的に 1.4.2 項で述べたセメントの水和反応の進行に従い発現していく．図 1.23，1.24 に示すように，水和反応の進行すなわちコンクリートの強度発現は温度と湿度（水分）に影響を受け，かつ水和反応には通常長い時間が必要とされるので，コンクリートにとって適切な期間中，適切な温度と湿度を確保することが重要である．また，そのために行う措置を養生という．

強度発現に及ぼす**養生温度**の影響に関しては，一般に温度が高いほうが初期の強度発現は早いが，温度が高すぎると長期的な強度発現は阻害され，結果的に常温で養生した場合に最終強度は最も大きくなるとされている．また，5°C 以下の低温では強度は正常に発現しない．

養生湿度の影響に関しては，湿度が高いほど強度発現は良好であり，基本的

にできるだけ長い期間，湿潤養生するのが理想である．また，湿度（水分）が不足する環境下では水和反応は十分進行せず，強度の発現は停止する．

温湿度が適切な養生条件下では，コンクリートの強度は材齢1年を超える長期間にわたり増大する．また，建築において強度算定の基準材齢である材齢4週における強度は，適切な養生条件の場合，同じ条件下での最終強度のほぼ6〜7割程度まで達するとされている．

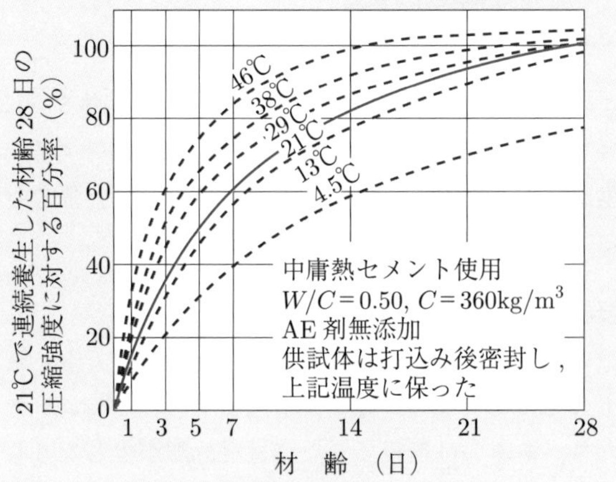

図1.23　養生温度と強度発現 [14]

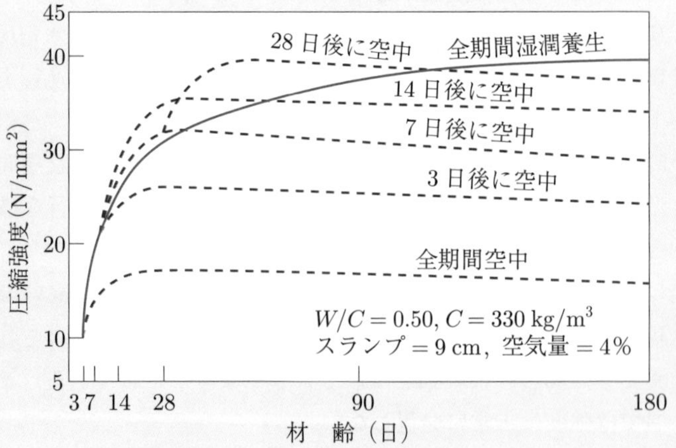

図1.24　養生湿度と強度発現 [14]

(d)　剛性（応力–ひずみ関係）

材料や部材に力が作用するときの変形のしにくさを**剛性**といい，基本的に構造材料は剛性が高いほうが望ましい．コンクリートの剛性は，材料的には図 1.25 に示す応力–ひずみ関係に従う．両者の関係は，応力が小さい区間では直線に近いが，応力が大きくなるに従い非線形性が強まり，最大応力以後は応力がやや低下して破壊に至る．一般に，応力–ひずみ曲線の初期の直線的な区間の勾配を弾性係数といい剛性を表す指標となるが，コンクリートの場合は応力–ひずみ関係が非線形であることから，工学的には圧縮強度の 1/3 の応力点と原点を結ぶ割線弾性係数が用いられることが多い．一般的なコンクリートの弾性係数はおおよそ $2 \times 10^4 \sim 3 \times 10^4$ N/mm^2 程度であり，強度や密度が大きいほど大きくなる．また，コンクリートの弾性係数はおおよそ鋼材のそれの 1/10 程度である．また，圧縮応力が最大に至る時点でのひずみは 2×10^{-3} 程度である．

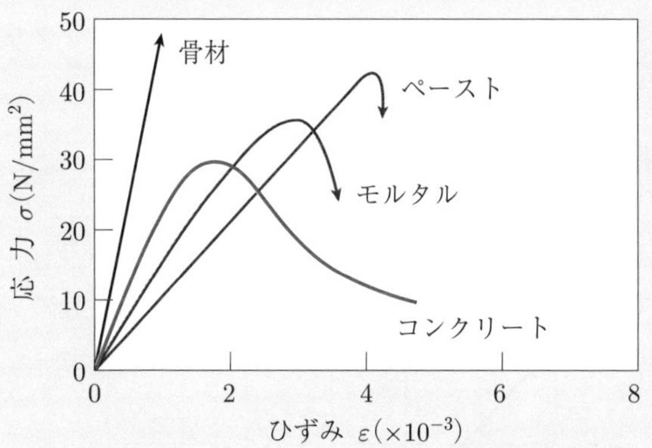

図 1.25　コンクリートの圧縮応力–ひずみ曲線 [16]

(2)　密度

構造材料は，その他の性質が同等の場合は，基本的に密度が小さいほうが望ましい．コンクリートの単位容積質量は使用骨材，調合などにより異なるが，普通コンクリートでは 2.3 t/m^3 程度である．

(3)　寸法安定性

構造材料では寸法の安定性も重要である．コンクリートは下記のような原因により体積変化を生じ，コンクリート構造物の耐力や耐久性に影響を及ぼすことが少なくない．

空気に触れる環境にあるコンクリートの場合，材齢の経過とともにコンクリート中の水分が乾燥して収縮が起こり（**乾燥収縮**），コンクリートの体積は減少する．乾燥収縮はコンクリートのセメントペースト量が多いほど大きくなる傾向にあり，また材齢初期の収縮量が大きい．一般的なコンクリートの乾燥収縮の程度は 5×10^{-4} 程度である．また，逆にコンクリートは水分を吸収すると湿潤膨張する．

コンクリートは温度変化によっても体積変化を生じる．普通コンクリートの常温での**熱膨張率**（線膨張係数）は 1°C 当たり 1×10^{-5} 程度であり，鉄筋とほぼ同じである．

コンクリート中のセメントペーストは乾燥しなくても水和反応により体積が減少する場合があり，これを**自己収縮**という．自己収縮は高強度コンクリートのように水セメント比が小さく，単位セメント量が多いコンクリートでは大きくなる．

(4)　耐火性，耐熱性

コンクリートは不燃材料であるが，高温にさらされると強度や弾性係数は図 1.26 のように低下する．500°C ではセメントペースト硬化体中の結合水が失われるなどして，コンクリートの強度は常温のおおよそ半分に，また弾性係数

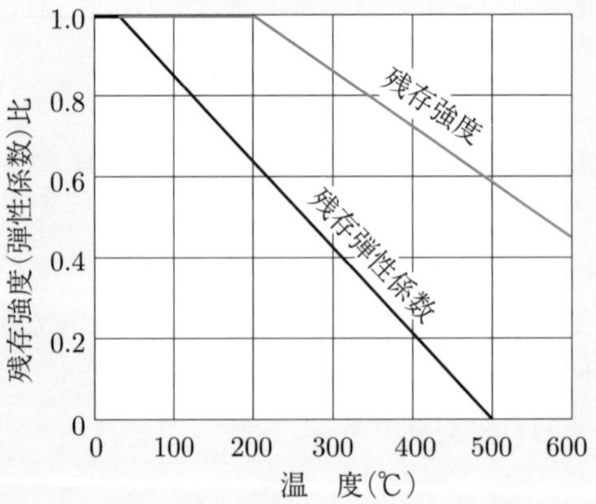

図 1.26　加熱されたコンクリートの強度および弾性係数 [66]

は極めて小さい値となる．高強度コンクリートや含水率の高いコンクリートでは，急激に加熱された場合，内部の水分の膨張により爆裂を起こすことがある．

(5)　クリープ，疲労破壊

コンクリートに持続応力が作用すると，時間の経過とともにひずみが増大する．この現象を**クリープ**（creep）という．作用する応力が小さい場合にはクリープによるひずみはやがて一定となるが，持続応力がある値を超えると最終的に破壊に至る．この限界値をクリープ限度と呼び，コンクリートの場合，静的強度の 8 割程度である．

コンクリートに繰り返し応力が作用すると，静的強度より小さい応力でも繰り返し数が増加することで，ついには破壊に至る．この現象を**疲労破壊**という．コンクリートの場合，金属材料のように無限の繰り返し数に耐え得る応力の限界値（疲労限度）は存在しないことから，疲労破壊の特性値として 200 万回の繰り返しに耐え得る応力の限界値（200 万回疲労強度）が採用される．また，この値はコンクリートの静的強度の 5 割程度である．

(6)　その他の性質

以上の性質の他に，構造材料には後述するように十分な耐久性が要求される．また，場合に応じて，気体や液体，あるいは音，熱，放射線などに対する遮断性も要求される．

1.5.3　その他の一般的知識

(1)　各種コンクリート

今日，建築工事に用いられるコンクリートは，そのほとんどが生コン工場で製造されるが，このようなコンクリートを**レディーミクストコンクリート**（ready mixed concrete）といい，品質が JIS で規定されている（JIS A 5308）．また，コンクリートには，要求性能や施工条件により，普通コンクリートの他にもいくつか種類がある．以下，日本建築学会の建築工事標準仕様書（JASS 5）に従い，主なものを説明する．

(a)　高強度コンクリート

建築分野では設計基準強度が 36 N/mm^2 を超えるものを**高強度コンクリート**という．超高層鉄筋コンクリート建築物の下層部などに用いられる．今日では設計基準強度が 150〜200 N/mm^2 の高強度コンクリートも実施工されている．60 N/mm^2 超級のコンクリートの場合，鉄筋も降伏点（または 0.2 %耐力）が 685 N/mm^2 のものなど，高強度の鉄筋が使用されるようになっている．高強度コンクリートには，高性能 AE 減水剤やシリカフュームなどが用いられ，水セメント比が低く，セメント量が多い．このため，若材齢時における発熱量や自己収縮量が多い傾向にある．

フレッシュ時の性質に関しては，粘度が高くなりやすく，スランプ値が高いにもかかわらず，施工性が必ずしも良好ではない場合がある．特に，床コンクリートなどの開放面の施工時には留意する必要がある．

1.5.2 項 (4) でも述べたように，組織の緻密な高強度コンクリートでは，火災時など急激に加熱された場合，気化膨張した内部水分の「逃げ道」が少ないため，爆裂を起こすことがある．近年では，このような爆裂を防ぐため，ポリマー系繊維を混入して高温時に水分を移動しやすくするなどの対策が講じられている．

(b)　軽量コンクリート

人工軽量骨材を用いたコンクリートであり，1 種，2 種の区別がある．

1 種とは，粗骨材に人工軽量粗骨材を，細骨材に普通細骨材を用いたコンクリートで，気乾時の密度が 1.8〜2.1 t/m^3 のものをいう．

2 種とは，粗骨材に主として人工軽量骨材を用い，細骨材に主として人工軽量細骨材および人工軽量細骨材に普通細骨材を加えた混合細骨材を用いたコンクリートで，気乾時の密度が 1.4〜1.8 t/m^3 のものをいう．

軽量コンクリートは建物の自重を軽減できるため構造上有利である．床スラブなどに用いられる．

(c)　高流動コンクリート

製造・運搬・打込み時に有害な材料分離を起こさず，振動・締固めをしなくてもほぼ型枠内に充填することができるコンクリートで，スランプフローが 55 cm 以上，65 cm 以下のものをいう．工事の省力化を図る場合や，振動・締固めが困難な場合などに用いられる．混和剤には主に高性能 AE 減水剤が用いられる．

(d)　鋼管充填コンクリート

コンクリート充填鋼管構造（CFT 構造）で，鋼管内に充填するために使用されるコンクリートをいう．CFT 構造は 2000 年頃より急速に普及しており，鉄筋や型枠の組立てを必要とせず，強度，剛性，変形性能などの面で優れる．CFT 構造は主に柱に使用され，鉄骨造の梁と組み合わされることが多い．

(e)　マスコンクリート

部材断面の最小寸法が大きく，かつセメントの水和熱による温度上昇で有害なひび割れが入るおそれがある部分のコンクリートをいう．発熱量の少ないセメントを用いたり，単位セメント量を少なくしたりする．

(f)　遮蔽用コンクリート

主に生体防護のために γ 線，X 線および中性子線を遮蔽する目的で使用される，鉄鉱石などを用いた重量コンクリートをいう．

(2)　コンクリート製品

(a)　プレキャストコンクリート

①　プレキャストコンクリート部材

工場で生産された鉄筋コンクリート製品のことで，Pre-cast Concrete から PCa 部材ともいう．土木用も含め多種多様のものがある．建築用には，天井パネル・壁パネル・床パネル・カーテンウォール用パネルなどがある．写真 1.14 に天井パネルの例を示す．基本的に高品質であり，工期の短縮や施工の省力化においても利点があるとされる．

通常の鉄筋コンクリート構造物と比較して，プレキャストコンクリート部材を用いた構造物では，部材接合部の重要性が高く，接合には様々な方法や種類

写真 1.14
プレキャストコンクリート製波形天井
（東京工業大学図書館［東京都］，写真提供：石黒守 氏）

がある．

生産性を高めるため，プレキャストコンクリートは常圧蒸気養生などの促進養生法により生産される．

②　プレキャスト複合コンクリート

近年，床スラブの底板，柱の外殻，梁の側面・底面など，部材の一部に**ハーフプレキャスト部材**と呼ばれる製品が使用される例が増えている．このような「半分だけ完成した部材」を現場で組み立てた後に，現場打ちコンクリートを打ち込んで完成させる部材をプレキャスト複合コンクリートという．現場打ちコンクリートには，ハーフプレキャスト部材の隅々まで充填できるように，流動性の良いものが用いられる．通常のコンクリート工事と比べて，支保工や型枠を省いたり減じることができる．

(b)　プレストレストコンクリート

鉄筋コンクリート製品の一種であり，成形品には，床スラブ，梁材，橋げた，パネル材などがある．

プレストレストコンクリートでは，図 1.27，1.28 に示すように，あらかじめ部材の引張側に緊張材によって圧縮力を生じさせることにより，部材の曲げ・剪

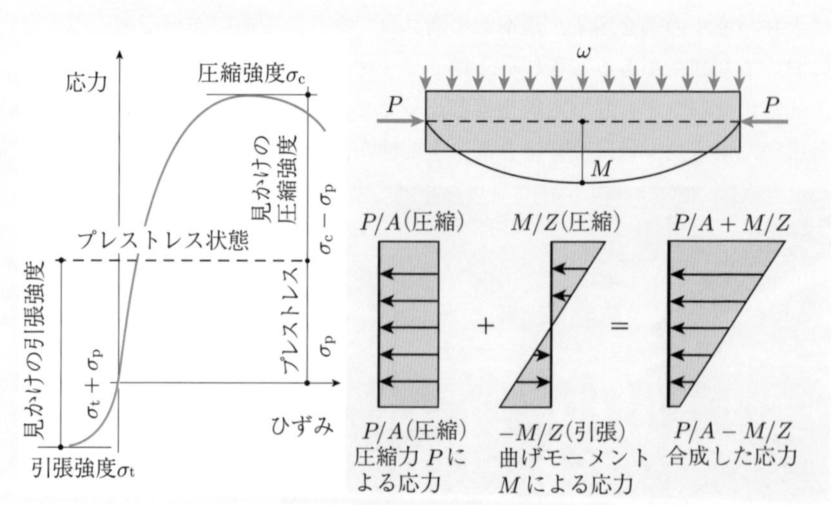

図 1.27　プレストレストコンクリートの原理[5]

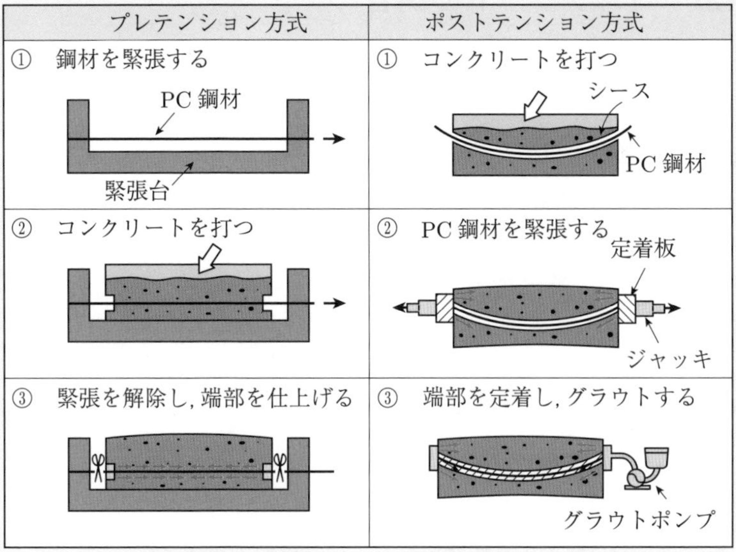

図 1.28 プレストレストの与え方 [5]

断・ねじり耐力を向上させることができる．また，プレストレストコンクリートには，クリープ，乾燥収縮などによるプレストレスの低減をなくすために，単位水量の少ないコンクリートが用いられる．

ストレスの導入方式には 2 種類がある．プレテンション方式では，型枠内に PC 鋼材を予め引張力を与えて設置しておき，コンクリートを打ち込む．硬化後に PC 鋼材の緊張を解除することにより，部材の引張側に圧縮応力を与える．ポストテンション方式では，予めコンクリートの引張側の軸方向にパイプ（シース）を設け，コンクリートを打ち込む．硬化後に，PC 鋼材を挿入し，これに引張力を与えて，両端を固定し，圧縮応力を与える．

1.6 コンクリートの調合

本節では，日本建築学会が定めた方法に基づき，主に普通コンクリートの調合について解説する．

1.6.1 調合設計の目標と手順

(1) 調合設計の目標

コンクリートを構成するセメント，水，細骨材，粗骨材などの各材料の混合割合または使用量を**調合**という．コンクリートの調合は，コンクリートの性能を支配する最も重要な要因の1つである．調合設計の目標は，選定したコンクリートに関して，一連の手続きに従い適切な調合を定め，コンクリートに要求される所定の性能が得られるようにすることである．

(2) 調合設計の手順

調合設計は，一般に次の手順で行われる．

(a) 調合設計の目標とする性能項目および目標値の設定
(b) コンクリートに用いる材料の選定
(c) 調合計算を行うための調合要因に関する基本条件の設定
(d) 調合計算を行うことにより計画調合の案（試し練り調合）を算出
(e) 計画調合の案が目標性能および調合要因に関する条件に適合することを確認
(f) 計画調合の案に基づいて試し練りを行い，調合を調整して計画調合を決定
(g) 計画調合を補正して現場調合を算出

1.6.2 調合設計で目標とする性能

調合設計で目標とするコンクリートの性能項目（品質項目を含む）は，以下に示すように，大きく1)～6)の6群に分類される．それらの内容や水準は鉄筋コンクリート構造建築物の構造体および部材の要求性能に応じて定められる．

1) **構造設計に関わる性能項目**：圧縮強度，ヤング係数，気乾単位容積質量
2) **耐久設計に関わる性能項目**：中性化に対する抵抗性，塩化物イオンの浸透に対する抵抗性，乾燥収縮に対する抵抗性，凍結融解作用に対する抵抗性，水和熱によるひび割れを抑制する性能，アルカリ骨材反応を抑制する性能
3) **施工に関わる性能項目**：ワーカビリティー，仕上げ可能時間，施工上要求

される強度発現性

4)　**使用に関わる性能項目**：水密性，遮蔽性，断熱性・蓄熱性，クリープによる変形に対する抵抗性

5)　**火災時の安定性に関わる性能項目**：火災時の爆裂に対する抵抗性

6)　**環境配慮に関わる性能項目**：省資源性，省エネルギー性，環境負荷物質低減性，長寿命性

なお本書では，紙面の都合上，圧縮強度を除き，上記の各項目に関する調合設計の具体的な手順や内容は省略する．

1.6.3　計画調合を定めるための基本条件

(1)　品質基準強度，調合管理強度および調合強度

(a)　品質基準強度

コンクリートの品質基準強度とは，構造体・部材に要求される性能を実現するために必要とされるコンクリートの圧縮強度のことである．品質基準強度は，設計基準強度と耐久設計強度から，式 (1) により定める．

$$F_{\mathrm{q}} = \max(F_{\mathrm{c}}, F_{\mathrm{d}}) \tag{1}$$

ここに，F_{q}：品質基準強度（$\mathrm{N/mm^2}$）

F_{c}：設計基準強度（$\mathrm{N/mm^2}$）

F_{d}：耐久設計基準強度（$\mathrm{N/mm^2}$）

$\max(*)$ は，カッコ内の大きい方の値を意味する

設計基準強度 F_{c} とは，構造体・部材の構造計算において基準とする圧縮強度のことである．普通コンクリートの F_{c} は，18，21，24，27，30，33 および $36\,\mathrm{N/mm^2}$ を標準とする．

耐久設計基準強度 F_{d} とは，構造体・部材が計画供用期間の級に応ずる耐久性を確保するために必要とされる圧縮強度のことである．表 1.4 に F_{d} の標準値を示す．要求される耐久性を圧縮強度で表す理由は，耐久性に関わる性能である中性化や塩化物の浸透などに対する抵抗性と，圧縮強度との間に深い関連性があるためである．

表 1.4 コンクリートの耐久設計基準強度 F_{d} [13]

計画供用期間の級	耐久設計基準強度 F_{d}（N/mm^2）	計画供用期間
短 期	18	おおよそ 30 年
標 準	24	おおよそ 65 年
長 期	30	おおよそ 100 年
超長期	36[1)]	おおよそ 200 年

［注］ 1) かぶり厚さを 10 mm 増した場合は，30 N/mm^2 とすることができる．

(b) 調合管理強度

調合管理強度とは，調合強度を定める場合に基準となる圧縮強度のことである．調合管理強度は，構造体コンクリートが所要の強度を得られるよう式 (2) により定める．

$$F_{\mathrm{m}} = F_{\mathrm{q}} + {}_{m}S_{n} \tag{2}$$

ここに，F_{m}：調合管理強度（N/mm^2）

F_{q}：品質基準強度（N/mm^2）

${}_{m}S_{n}$：構造体強度補正値 (N/mm^2)．標準養生（20±3°C の水中養生）した供試体の材齢 m 日における圧縮強度と，構造体コンクリートの材齢 n 日における圧縮強度との差による補正値．28 日 $\leqq m \leqq n \leqq$91 日とし，特記のない場合は，m を 28 日，n を 91 日とする．${}_{28}S_{91}$ は，セメントの種類およびコンクリートの打込みから材齢 28 日までの予想平均気温の範囲に応じて，表 1.5 により定める．

通常，構造体コンクリートの 91 日強度は，コンクリートの荷卸し時に取り分けて作製し標準養生した供試体の 28 日強度よりも小さい．そのため，構造体コンクリートが品質基準強度 F_{q} の値を確保するために，${}_{28}S_{91}$ の値の分だけ，調合管理強度 F_{m} を大きくする．

なお，実務においては，施工時に必要とされる構造体コンクリートの圧縮強

表 1.5　構造体強度補正値 ${}_{28}S_{91}$ の標準値の例（$F_c \leqq 36\,\mathrm{N/mm^2}$）[13]

セメントの種類	コンクリートの打込みから材齢 28 日までの期間の予想平均気温 θ の範囲（°C）	
早強ポルトランドセメント	$0 \leqq \theta < 5$	$5 \leqq \theta$
普通ポルトランドセメント	$0 \leqq \theta < 8$	$8 \leqq \theta$
中庸熱ポルトランドセメント	$0 \leqq \theta < 11$	$11 \leqq \theta$
低熱ポルトランドセメント	$0 \leqq \theta < 14$	$14 \leqq \theta$
構造体強度補正値 ${}_{28}S_{91}$（$\mathrm{N/mm^2}$）	6	3

［注］　暑中期間における構造体強度補正値 ${}_{28}S_{91}$（$\mathrm{N/mm^2}$）は $6\,\mathrm{N/mm^2}$ とする.

度も考慮して調合管理強度 F_m を定める.

(c)　調合強度

調合強度とは，コンクリートの調合を定める場合に目標とする圧縮強度のことであり，圧縮強度のばらつきを考慮して，調合管理強度 F_m に割り増しした値とする．調合強度は，式 (3) および式 (4) により求めた値のうち，大きいほうの値とする.

$$F \geqq F_\mathrm{m} + 1.73\sigma \tag{3}$$

$$F \geqq 0.85F_\mathrm{m} + 3\sigma \tag{4}$$

ここに，F：調合強度（$\mathrm{N/mm^2}$）

F_m：調合管理強度（$\mathrm{N/mm^2}$）

σ：使用するコンクリートの圧縮強度の標準偏差で，実績をもとに定める．実績がない場合は，$2.5\,\mathrm{N/mm^2}$ または $0.1F_\mathrm{m}$ の大きいほうの値とする.

(2)　粗骨材の最大寸法

粗骨材の最大寸法は，鉄筋のあきの 4/5 以下かつ最小かぶり厚さ以下とする．特記のない場合，粗骨材の最大寸法は，表 1.6 の範囲で定める.

表 1.6　使用箇所による粗骨材の最大寸法 [13]

使用箇所	砂利	砕石
柱・梁・スラブ・壁	20，25 mm	20 mm
基礎	20，25，40 mm	

(3)　ワーカビリティー，スランプ（スランプフロー）および材料分離抵抗性

(a)　コンクリートのワーカビリティーは，打込み箇所および打込み・締固め方法に応じて，型枠内および鉄筋周囲に密実に打ち込むことができ，かつブリーディングおよび材料分離が少ないものとする．

(b)　コンクリートの練上がり時のスランプ（またはスランプフロー）および材料分離抵抗性は，運搬および圧送中の変化を考慮して，荷卸し時または打込み時に所要の目標スランプ（または目標スランプフロー）および材料分離抵抗性が得られるように定める．表 1.7 に，各種コンクリートの荷卸し時のスランプを示す．

表 1.7　コンクリートのスランプ [13]

コンクリートの種類		スランプ（cm）
普通コンクリート	調合管理強度 F_{m} 33 $\mathrm{N/mm^2}$ 未満	18 以下
	調合管理強度 F_{m} 33 $\mathrm{N/mm^2}$ 以上	21 以下
高強度コンクリート	調合管理強度 F_{m} 45 $\mathrm{N/mm^2}$ 未満	21 以下 または 50[1)] 以下
	調合管理強度 F_{m} 45 $\mathrm{N/mm^2}$ 以上 60 $\mathrm{N/mm^2}$ 以下	23 以下 または 60[1)] 以下

［注］　1) スランプフロー（cm）

(4)　練上がり時の空気量，容積

コンクリートの練上がり時の空気量および容積についても，運搬および圧送中の変化を考慮して，荷卸し時または打込み時に所要の値が得られるように定める．

良好なワーカビリティーや耐凍害性を確保するため，普通コンクリートの空気量は 4.5 %を標準とする．高強度コンクリートでは，強度を確保する観点から空気量を 2.0〜3.0 %とすることが多いが，耐凍害性が要求される場合は 4.5 %とする．

(5) 水セメント比（または水結合材比）

水セメント比は，コンクリートに要求される品質や性能が得られるように定める．水セメント比の最大値は表 1.8 による．

表 1.8 コンクリートの水セメント比（水結合材比）の最大値 [13]

コンクリートの種類	水セメント比（水結合材比）の最大値（%）	
	短期・標準・長期 1)	超長期 1)
一般の仕様の普通コンクリート	65 2)	55
高強度コンクリート	50（標準値）	40（標準値）

［注］ 1) 計画供用期間の級．表 1.4 参照．
2) 低熱ポルトランドセメントを用いる場合は 60.

(6) 単位水量の最大値

乾燥収縮やブリーディングが過大となることを抑制するため，単位水量は 185 kg/m^3 以下とする．

(7) 単位セメント量（または単位結合材量）の最小値と最大値

運搬および圧送時に必要な材料分離抵抗性を確保するため，一般的な仕様のコンクリートの単位セメント量は 270 kg/m^3 以上とする．また，水和熱によるひび割れの危険性を少なくするため，単位セメント量は 450 kg/m^3 以下とする．

(8) 塩化物イオン量

コンクリート中の塩化物イオンは，0.30 kg/m^3 以下とする．

(9) アルカリ総量

コンクリート中のアルカリ総量は，3.0 kg/m^3 以下とする．

1.6.4 調合計算の方法・手順

(1) 水セメント比

(a) 調合強度 F を得るための水セメント比（または水結合材比）は，コンクリートのセメント水比と圧縮強度との関係から，調合強度が得られるセメント水比を求め，この値の逆数として定めることを標準とする．参考として，全国のレディーミクストコンクリート工場の水セメント比算定式から求めた平均的な式を表 1.9 に示す．

表 1.9　レディーミクストコンクリート工場における平均的な水セメント比算定式 [18]

骨材および混和剤の種類	水セメント比の範囲（%）	水セメント比算定式（N/mm^2）
砕石・AE 減水剤	40 未満	$\sigma_{28} = -9.71 + 22.79\,C/W$
	40〜65	$\sigma_{28} = -16.45 + 25.91\,C/W$

［注］ σ_{28}：コンクリートの 28 日圧縮強度，C/W：セメント水比．

(b)　前項 (a) で求めた水セメント比の値と，表 1.8 に示した水セメント比の最大値を比較し，双方を満足する値を設定する．

(2)　単位水量

(a)　単位水量は，化学混和剤の使用量が適切な範囲で，かつ，コンクリートの所要のワーカビリティーおよびスランプ（またはスランプフロー）が得られる範囲内で，できるだけ小さい値とする．

(b)　普通ポルトランドセメント，砕石・砂利，砂および AE 減水剤を使用する普通コンクリートの単位水量は，表 1.10 に示す値により定める．

(c)　前項において単位水量が 185 kg/m^3 を超える場合は，高性能 AE 減水剤を使用し，適切な使用量の範囲で単位水量を定める．ただし，185 kg/m^3 を超えても過大なブリーディングや乾燥収縮が生じない場合はこの限りではない．

(3)　単位セメント量

単位セメント量（または単位結合材量）は，(1) で定めた水セメント比（または水結合材比）と (2) で定めた単位水量から，式 (5) により求める．

$$\text{単位セメント量（kg/m}^3\text{）} = \frac{\text{単位水量（kg/m}^3\text{）}}{\text{水セメント比（\%）}} \times 100 \qquad (5)$$

(4)　単位粗骨材量

(a)　単位粗骨材量は，単位粗骨材かさ容積を基に定める．単位粗骨材かさ容積は，コンクリートの所要の材料分離抵抗性が得られる範囲内で，できるだけ大きく定める．

表 1.10　普通ポルトランドセメント，砕石・砂利，砂および AE 減水剤を使用する普通コンクリートの単位水量の標準値（kg/m^3）[13]

水セメント比（%）	スランプ（cm）	粗骨材の種類（最大寸法）	
		砕石（20 mm）	砂利（25 mm）
40	8	163	152
	12	173	161
	15	181	169
	18	(192)	181
	21	(203)	(192)
45	8	158	147
	12	168	157
	15	176	164
	18	(187)	176
	21	(198)	(187)
50	8	157	146
	12	165	154
	15	172	161
	18	183	172
	21	(194)	184
55	8	155	144
	12	162	151
	15	168	157
	18	179	168
	21	(190)	180
60〜65	8	153	142
	12	160	149
	15	166	155
	18	176	165
	21	(186)	176

［注］表中にない水セメント比およびスランプに対する単位水量は補間によって求める．( ) で示した単位水量が 185 kg/m^3 を超える場合は次項 (c) による．本表に用いた骨材の物理的性質は，下表のとおりである．

項目	砂	砕石	砂利
最大寸法（mm）	—	20	25
粗粒率	2.70	6.69	6.97
実積率（%）	—	60.0	63.7

(b)　普通ポルトランドセメントおよび AE 減水剤または高性能 AE 減水剤を使用する普通コンクリートの単位粗骨材かさ容積は，表 1.11 に示す値により定める．

表 1.11　普通ポルトランドセメントおよび AE 減水剤または高性能 AE 減水剤を使用する普通コンクリートの単位粗骨材かさ容積の標準値（m^3/m^3）[13]

水セメント比（%）	スランプ（cm）	AE 減水剤		高性能 AE 減水剤	
		砕石（20 mm）	砂利（25 mm）	砕石（20 mm）	砂利（25 mm）
40〜60	8	0.66	0.67	0.67	0.68
	12	0.65	0.66	0.66	0.67
	15	0.64	0.65	0.65	0.66
	18	0.60	0.61	0.61	0.62
	21	0.56	0.57	0.57	0.58
65	8	0.65	0.66	—	—
	12	0.64	0.65	—	—
	15	0.63	0.64	—	—
	18	0.59	0.60	—	—
	21	0.55	0.56	—	—

［注］　表中にない水セメント比およびスランプに対する単位粗骨材かさ容積は補間によって求める．

(c)　単位粗骨材量および粗骨材の絶対容積は，式 (6) および式 (7) により算出する．

$$
\begin{aligned}
\text{単位粗骨材量（kg/m}^3\text{）} &= \text{単位粗骨材かさ容積（m}^3\text{/m}^3\text{）} \\
&\quad \times \text{粗骨材の単位容積質量（kg/m}^3\text{）}
\end{aligned} \tag{6}
$$

$$
\begin{aligned}
\text{粗骨材の絶対容積（}\ell\text{/m}^3\text{）} &= \text{単位粗骨材かさ容積（m}^3\text{/m}^3\text{）} \\
&\quad \times \text{粗骨材の実積率（\%）} \times \frac{1000}{100} \\
&= \frac{\text{単位粗骨材量（kg/m}^3\text{）}}{\text{粗骨材の密度（kg/}\ell\text{）}}
\end{aligned} \tag{7}
$$

(5)　単位細骨材量

(a)　細骨材の絶対容積は，コンクリート $1\,\mathrm{m}^3$ から，セメント，水，粗骨材の絶対容積および目標空気量（容積換算値）を差し引いて求める．混和材を使用する場合は，その絶対容積も差し引く．

$$V_{\mathrm{s}} = 1000 - (V_{\mathrm{c}} + V_{\mathrm{w}} + V_{\mathrm{g}} + V_{\mathrm{air}} + V_{\mathrm{ad}}) \tag{8}$$

ここに，V_{s}：細骨材の絶対容積（ℓ/m^3）

V_{c}：セメントの絶対容積（ℓ/m^3）

V_{w}：水の絶対容積（ℓ/m^3）

V_{g}：粗骨材の絶対容積（ℓ/m^3）

V_{air}：空気の絶対容積（ℓ/m^3）＝目標空気量(%)×1000/100

V_{ad}：混和材の絶対容積（ℓ/m^3）

(b)　単位細骨材量は，細骨材の絶対容積 V_{s} に細骨材の密度をかけて求める．

$$\text{単位細骨材量}\ (\mathrm{kg/m^3}) = V_{\mathrm{s}} \times \rho_{\mathrm{s}} \tag{9}$$

V_{s}：細骨材の絶対容積（ℓ/m^3）

ρ_{s}：細骨材の密度（kg/ℓ）

(c)　細骨材率は，骨材（細骨材および粗骨材）の絶対容積に対する細骨材の絶対容積の比として求める．

$$\text{細骨材率}\ (s/a) = \frac{V_{\mathrm{s}}}{V_{\mathrm{s}} + V_{\mathrm{g}}} \times 100\ (\%) \tag{10}$$

V_{s}：細骨材の絶対容積

V_{g}：粗骨材の絶対容積

所定の性能や品質のコンクリートを得るためには，細骨材率を適正な値とする必要がある．しかし，実際の調合計算では，上述のように細骨材量が最後に自動的に定まる手順を踏むことが多い．通常のコンクリートでは細骨材率はおおよそ40～50％の範囲にある．

(6)　混和材量その他の材料の使用量

(a)　化学混和剤の使用量は，コンクリートの所要のワーカビリティー，空気量および凝結時間などが得られるように定める．

(b)　化学混和剤以外の混和材料の使用量は，コンクリートの所定の性能が得られるように定める．

(c)　その他の材料は，コンクリートの所要の容積に含めないものとし，その使用量は，コンクリートの所要の性能が得られるように定める．

1.6.5　算出された計画調合の検討

計画調合の案が目標性能および調合要因に関する条件に適合することを確認する．

1.6.6　試し練りと調合の調整および計画調合の決定

確認した計画調合の案に基づいて試し練りを行い，調合を調整して計画調合を決定する．

1.6.7　計画調合の表し方および現場調合の定め方

(1)　計画調合の表し方

以上の過程で決定されたコンクリートの計画調合は，コンクリート $1\,\mathrm{m}^3$ 当たりの材料使用量により，表 1.12 のように表す．

表 1.12　計画調合の表し方[13]

品質基準強度 F_q (N/mm²)	調合管理強度 F_m (N/mm²)	調合強度 F (N/mm²)	スランプ (cm)	空気量 (%)	水セメント比 (%)	細骨材率 (%)	単位水量 (kg/m³)	絶対容積 (ℓ/m³)				質量 (kg/m³)				化学混和剤の使用量 (mℓ/m³) または (C×%)
								セメント	細骨材	粗骨材	混和剤	セメント	*細骨材	*粗骨材	混和剤	

［注］ ＊表面乾燥状態で明記する．C：セメント（kg/m³）

(2)　現場調合の定め方

計画調合に基づき，骨材の含水状態に応じて，現場でコンクリートを製造するために必要な各構成材料の質量を算出して求める．

1.7　コンクリート打込み時の注意点と生じやすい欠陥

1.7.1　コンクリートの打込み

コンクリートが一体となるように連続して打ち込むことが重要である．打込み後は，鉄筋などの周囲や型枠の隅々までコンクリートが充填されるように，振動機や突き棒を用いて締固めを行う．

1.7.2　打込み時に生じやすい欠陥

(1)　材料分離

コンクリートは，水，セメント，粗骨材，細骨材という比重や形態，寸法の異なる材料を混合したものである．これらが均一に混合していることが望ましいが，運搬，打込み，締固めなどの作業工程で，不均一になることがある．これを**材料分離**という．

この中で，運搬や打込み中に粗骨材だけが偏在することを粗骨材の分離というが，硬化後に空隙の多い不良箇所の原因となる．これらは**じゃんか**，**す**，**豆板**，**あばた**と呼ばれ，施工上の大きな欠陥である（写真 1.15）．

またコンクリート打込み後，練り混ぜ水の一部が骨材やセメント粒子の沈降に伴って，図 1.29 に示すようにコンクリート上面に浮き上がってくる．この現象を**ブリーディング**という．ブリーディングの多いコンクリートは，型枠上方のコンクリートの水セメント比を大きくし，粗骨材下側に空隙を発生させ，壁や柱のコンクリートの上部部分の強度を低下させる．また水平方向の透水・透気を大きくし耐久性を低下させ，水平鉄筋の付着強度を低下させる．またブリー

写真 1.15　コンクリート打込み作業不良により生じた欠陥部：じゃんか

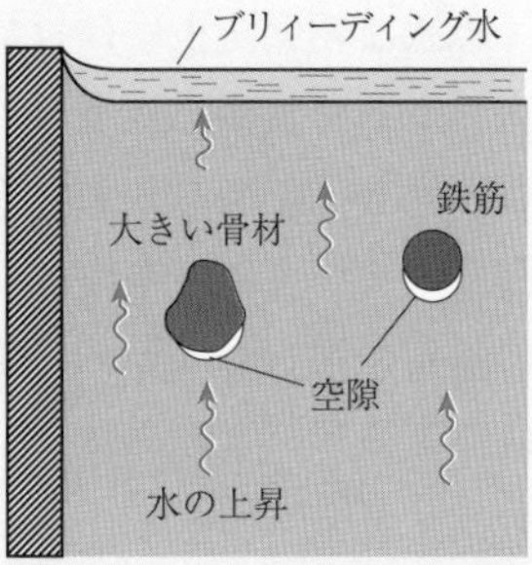

図 1.29　ブリーディングの模式図

ディング水には比重の軽い石こうや泥土を含み，コンクリート硬化後それが表面に残る．これは**レイタンス**といわれる．強度がほとんどないのでコンクリートの打継ぎにはこれを完全に除去しなければならない．これら材料分離防止にはセメントペーストやモルタルに適度な粘性を与え，水の少ないコンクリートを作ることが大切である．

(2) コールドジョイント

コンクリートの打込みのとき，連続して打ち込むことができず，先に打ち込んだコンクリートの凝結が進み，一体とならなかったときできる継ぎ目のことをいう（写真 1.16）．構造的にも弱く，また漏水のしやすい部分となる．これの防止には，できるだけ早く凝結が始まる前に打ち込むこと，**振動機**で十分に締め固める必要がある．打継時間間隔の限度としては外気温が 25 °C 未満の場合は 150 分，25 °C 以上の場合は 120 分が目安とされている．

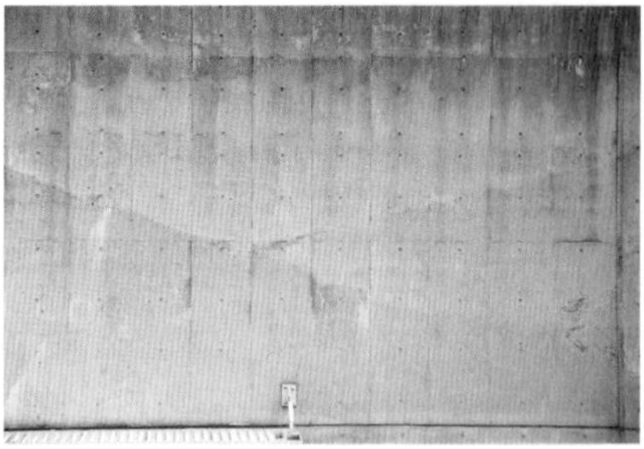

写真 1.16　コールドジョイント

1.7.3 養　　生

コンクリートは打ち込み後，セメントの水和反応により強度を増してゆくが，その間に急激に乾燥したり，過度な低温や高温にさらされると，しっかりしたコンクリートとはならない．そのために状況に応じて養生することが重要である．急激な乾燥防止にはコンクリート表面に散水する，あるいは養生シートや養生マットで表面を被う等の方策がとられる．特に屋上スラブや床スラブは表面積が大きく乾燥しやすいので，十分な配慮が必要である．

温度については，寒冷地では低温による凍害の危険性，逆に高温地域では急激に水和が進行し長期的な強度の伸びを低下の危険性がある．そのような地域ではコンクリートの採暖や冷却等の温度管理が必要とされる．

1.8　鉄筋コンクリート構造の耐久性

1.8.1　中　性　化

コンクリートはセメントの水和により生成される**水酸化カルシウム** $Ca(OH)_2$ などのため，アルカリ性である．一方，空気中には炭酸ガス（CO_2 濃度約 0.03％）が存在する．これがコンクリート中の水分の存在により酸として作用し，アルカリ性を低下させる．これは一種の中和反応であり，中性化と呼ばれる．

$$Ca(OH)_2 + CO_2 \rightarrow CaCO_3 + H_2O$$

中性化は**フェノールフタレイン**指示薬（フェノールフタレイン 1％のアルコール溶液に水 15％程度混合）をコンクリート破断面に噴霧して調べる．中性化していない部分は赤く変色するが，中性化部分は変色しない．表面から変色していない部分の深さが**中性化深さ**と呼ばれ，コンクリートの耐久性評価の主要な尺度として利用される．

実はコンクリートの中性化はコンクリートにとってそれほど問題となることではない．コンクリート強度が増すこともある．困るのは，中性化したコンクリートでは内部の鉄筋が，水や空気の浸入により錆びるからである．錆の発生は体積膨張を引き起こし，コンクリートの表面にひび割れを発生させ，剥落させる．同時に鉄筋の断面を減少させるため構造物の耐力を低下させる．

かぶり厚さの大切さ

中性化の深さ x は，中性化期間を t とすると $\sqrt{t}$ にほぼ比例するといわれており，$x = A\sqrt{t}$ で示される．A は係数であり，コンクリートの材料や品質により異なる．密実なコンクリートではその値が小さくなるが，水セメント比の大きい劣悪なコンクリートでは大きくなる．

かぶり厚さはコンクリート表面から鉄筋までの深さをいう．一般的なコンクリートでは，中性化時間の計算に $t = 7.2 \times x^2$ の簡易式が用いられるが，この式で計算すると 3 cm 中性化するのに 65 年となる．これが 2 cm になると 29 年と半減する．耐久性確保のためにかぶり厚さを十分とることが重要な理由である．

写真 1.17
庇（ひさし）部分の凍害
（写真提供：長谷川寿夫 氏）

1.8.2 凍　害

寒冷地や山岳地帯では，コンクリートが非常に低温になるため，内部の水分が凍結，膨張し，あるいは凍結に伴う水分移動による圧力がコンクリートを破壊する．日中は気温や日射のために，コンクリート温度が上がり凍結水は融解する．このように建物では凍結・融解が繰り返し作用することになり，破壊が早められる．実験室的には**凍結融解試験**により調べられる．凍害初期には亀甲状のひび割れとして現れるが，それが著しくなるとコンクリートは崩壊する（写真 1.17）．一般には AE 剤の使用による適切な空気量の導入が有効である．

1.8.3 塩　害

海岸に造られる建築物は海水，海塩粒子が付着し，それがコンクリート内部に侵入する．そのためコンクリート自身も劣化するが，特に問題となるのは内部の鉄筋の錆発生を促進させる点にある．海水中には，**NaCl** に換算して 3～4％の塩分が存在するが，鋼材の腐食速度が最大となるのは，NaCl 濃度で約 3.6％であり，海水に接する構造物では塩害を受けやすい．特に**塩素イオン**の存在が腐食に大きな影響を及ぼす．

もう 1 つの塩害の原因は，**海砂**である．水洗いにより除塩をして使用する必要がある．またコンクリートとしては混和剤や練り混ぜ水からも塩素イオンが供給されることもあり，総量 0.30 kg/m^3 以下となるように規制がなされている（JIS A 5308）．

塩害防止策としては，塩化物の少ない材料，密実なコンクリートの使用が原

写真 1.18
柱，梁のアルカリ骨材反応によるひび割れ：長い部材なので軸方向にひび割れている
（写真提供：阿部道彦 氏）

則であるが，ポリマー含浸や合成樹脂材料の塗装，エポキシ樹脂塗装鉄筋の使用等の補助的方法もある．

1.8.4　アルカリ骨材反応

ある種の骨材では，コンクリートのアルカリと反応して反応生成物を作り，これの吸水によって膨張を引き起こす．その膨張圧がコンクリートにひび割れを発生させる（写真 1.18）．岩石としては安山岩，玄武岩，流紋岩，砂岩，凝灰岩などが挙げられるが，全てが有害な反応を示すわけではない．反応性を調べるための試験法（化学法，**モルタルバー法**）があり，事前に検討する必要がある．

アルカリ骨材反応によるコンクリート劣化防止のためには，これら危険性のある骨材を使用しないこと，コンクリート中のアルカリ量を，低アルカリ形セメントを使用するなどして低くすること，コンクリートを乾燥状態に保つことが重要である．また海砂に含まれるアルカリとしての NaCl もその原因として注意する必要がある．

1.8.5　ひび割れと補修

コンクリートの**ひび割れ**は，この部分を通して水分，塩分，酸素，二酸化炭素を，内部の鉄筋位置まで容易に侵入させるため，**鉄筋腐食**を促進し，建築物の耐久性を著しく低下させる．現状ではひび割れを完全になくすことはできないが，良質のコンクリートを適切な施工法により作ること，鉄筋を適切に配置することによりひび割れを低減させることは可能である．

ひび割れ幅 0.1〜0.2 mm から鉄筋の腐食は著しくなるといわれている．そのため，大きなひび割れでは補修が必要である．ひび割れ幅が 0.2 mm 以下であ

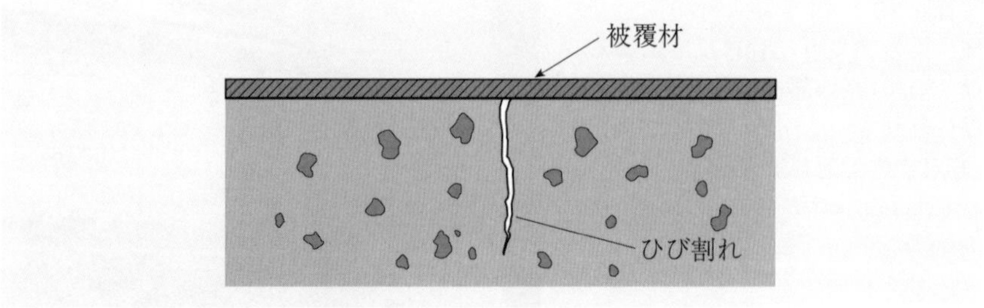

図 1.30　ひび割れ被覆工法

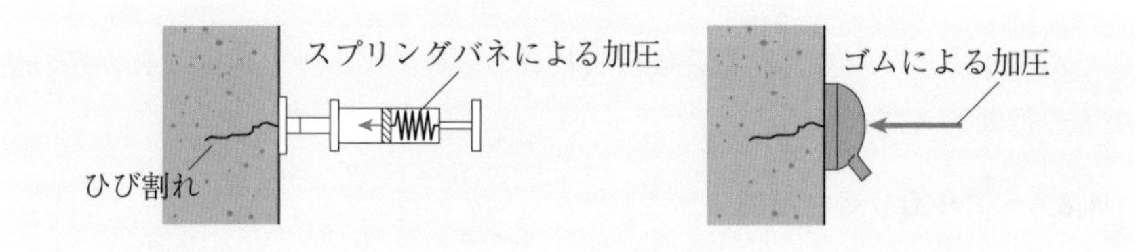

図 1.31　加圧注入工法

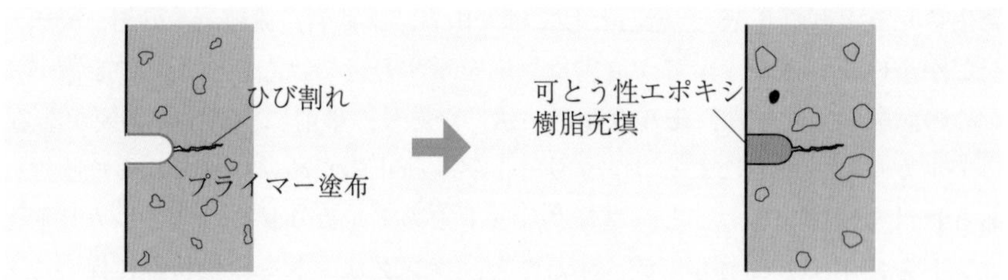

図 1.32　充填工法（可とう性エポキシ樹脂の場合）

れば，塗膜系材料による被覆工法（図 1.30）が，中程度 0.2〜0.5 mm 程度では樹脂系やセメント系注入材をひび割れに圧入する注入工法（図 1.31）が用いられる．0.5 mm より大きい場合あるいは温度変化や外力等により動くことが予想される場合には，ひび割れに沿って U 字形にコンクリートをカットし，その部分に可とう性エポキシ樹脂やシーリング材を充填する（図 1.32）．鉄筋が腐食している場合は，発錆している鉄筋の裏側までコンクリートをはつり取り，鉄筋の錆を除去し，鉄筋の防錆処理，コンクリートへのプライマー塗布を行った後に，ポリマーセメントモルタルや軽量エポキシモルタルなどの材料を充填する．

コンクリートのひび割れの原因と種類

ひび割れは構造耐力，居住性（漏水），美観の低下をもたらす．これを低減させるように努力はされているが，現状で完全になくするまでには至っていない．ひび割れは次のようなものがあるが（図 1.33），原因は複合化していることが多い．

乾燥ひび割れ：コンクリートは乾燥するに従い収縮するが，建物では鉄筋や接合部材が拘束するため，引張り力が生じる．条件の悪いところでは引張り力が大きくなりひび割れる．開口部の隅角部の斜めひび割れや，壁中央のひび割れがその例である．

温度ひび割れ：建物の一部が加熱あるいは冷却されたとき，温度差により応力が発生しひび割れる．

曲げひび割れ：梁やスラブで，曲げモーメントの大きい場所の引張り側に生じる．

剪断ひび割れ：梁に大きな積載荷重が作用した場合などに，梁の端部で斜めにひび割れる．

不同沈下ひび割れ：地盤の支持力が一様でない，あるいは建物の自重が偏っているとき，建物が部分的に沈下し，ひび割れが発生する．

沈みひび割れ：コンクリート打込み後，コンクリートは沈下するが，鉄筋は沈下しないため，鉄筋の上部に沿ってひび割れる．

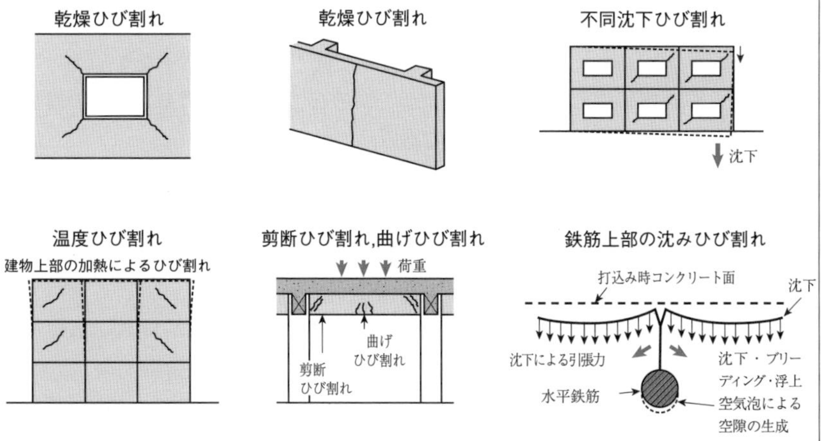

図 1.33　ひび割れの種類

1 章の問題

□**1**　次の各記述が正しければ○，誤りならば×を付けよ．

① コンクリートは 500 °C 程度まで加熱しても強度は低下しない．

② コンクリートの常温の熱膨張係数は，鋼材のそれの約 1/10 である．

③ コンクリートの圧縮強度は，一般に水セメント比が小さいほど大きくなる．

④ コンクリートの pH 値は，はじめは 7 前後であるが，空気中に放置すると次第にアルカリ領域に移行し，鉄筋類の防錆効果が低下する．

⑤ 無筋コンクリートにおいては，コンクリートが中性化しても耐久性にほとんど影響はない．

⑥ コンクリートの中性化深さは，一般に時間の平方根にほぼ比例する．

⑦ コンクリートのアルカリ性は，主にセメントの水和反応によって生じる水酸化カルシウムによるものである．

⑧ コンクリートの引張強度は，圧縮強度の 1/8～1/13 程度である．

⑨ コンクリートのスランプは，耐久性を表す 1 つの指標である．

⑩ フレッシュコンクリートの流動性はスランプ試験によって評価され，スランプ値が大きいほど流動性が高いことを表す．

⑪ クリープとは，一般にコンクリートなどに一定の荷重を作用させた場合，時間とともに変形が進行する現象をいう．

⑫ コンクリートの圧縮強度は，直径 10 cm，高さ 20 cm の円柱供試体を用い，毎秒 0.6 ± 0.4（$\mathrm{N/mm^2}$）の載荷速度による圧縮試験で求められる．

⑬ コンクリートに用いる骨材は同一粒径のものを用いるのが望ましい．

⑭ コンクリート強度は，一般に，細骨材率が低くなるほど高くなる．

⑮ ポルトランドセメントの原料の 1 つである石こうは，主にセメントの凝結時間を調整するために加えられるものである．

⑯ 低熱ポルトランドセメントは水和熱が低く，また短期の強度発現性にも優れている．

⑰ 高炉セメントは，海水などに対する耐食性が大きく，初期強度は小さいが長期の強度が大きい．

⑱ コンクリートの凍結融解作用に対する耐久性を確保するためには，AE 剤，減水剤，AE 減水剤などの混入が有効である．

⑲ 骨材の含水状態の用語には，含水率の小さいものから順に絶乾・気乾・表乾・湿潤状態がある．

⑳ 水セメント比が同一のモルタルとコンクリートでは，一般にモルタルの強度が

大きい.

㉑ コンクリートの弾性係数には，割線弾性係数を代表値として用いるのが一般的である.

㉒ コンクリートは単位水量が多いと収縮ひび割れが発生しやすいなどの理由で，普通コンクリートの単位水量は 270 kg/m^3 以下に規定されている.

㉓ コンクリートの調合強度は，一般に設計基準強度より大きな値となる.

㉔ コンクリートを高温で促進養生した場合，早期の強度発現は良好であるが，常温で養生した場合より長期の強度発現は一般に劣る.

㉕ セメントの水和反応の過程で，固まってから強度が増進していくことを凝結という.

㉖ コンクリートは，気中（空中）養生より水中（湿潤）養生したほうが，強度増進は大きくなる.

㉗ コンクリートの中性化は，炭酸ガス濃度に関係なく，その進行速度は一定である.

㉘ コンクリートのアルカリ骨材反応によるひび割れは，水分が供給されやすい部分に発生しやすい.

㉙ コンクリートの耐凍害性は，適量のエントレインドエアにより格段に向上する.

㉚ コールドジョイントとは，コンクリート打ち込みの継続中に，先に打ち込んだコンクリートと後に打ち込まれたコンクリートが一体とならなかったときにできる継ぎ目のことをいう.

□**2** **＜鉄筋コンクリートの特徴＞** 下記の (1)〜(8) に適切な文字を記入せよ.

力学原理	コンクリートは，(1) に対しては強いが，(2) に対しては弱いため，(2) の働く部位に鉄筋を補強することで耐震性を高める.
温度変化	コンクリートと鉄筋はともに熱膨張係数が (3) 程度であるため，一体となって (4) する.
耐火性	(5) が (6) の耐火被覆の働きをするため，高い耐火性を示す.
耐久性	鉄筋は，コンクリート中に埋め込まれているため，腐食が発生しない．これは，セメント水和反応の過程で生成する (7) の働きで，(8) 性を示すためである.

□**3** **＜施工時に要求される性質＞** 次の 2 つの語句の関係を簡単に説明せよ.

(1) ワーカビリティーとフィニッシャビリティー

(2) 設計基準強度と調合強度

□**4**　**＜コンクリートの調合設計＞**　下記の条件によるコンクリートの計画調合を求めよ．

- **コンクリートの種類**：普通コンクリート（レディーミクストコンクリート）
- **設計基準強度**：$F_\mathrm{c} = 21\,\mathrm{N/mm^2}$
- **計画供用期間の級**：標準
- **調合強度**：標準養生供試体の材齢 28 日圧縮強度で表し，材齢 91 日の構造体コンクリート強度との差 ${}_{28}S_{91}$ を構造体強度補正値として用いる．
- **打ち込み後材齢 28 日までの予想平均気温**：15 °C
- **コンクリート強度の標準偏差**：$\sigma = 2.5\,\mathrm{N/mm^2}$
- **圧縮強度とセメント水比の関係**：

$$f_\mathrm{c} = 25.9\,C/W - 16.4\ (\mathrm{N/mm^2}) \tag{11}$$

- **所要スランプ**：18 cm
- **所要空気量**：4.5 %
- **使用材料**
  (a)　**セメント**：普通ポルトランドセメント，密度 3.16 g/cm^3
  (b)　**細骨材**：砂，表乾密度 2.60 g/cm^3，吸水率 2.00 %，粗粒率 2.70
  (c)　**粗骨材**：砕石，表乾密度 2.64 g/cm^3，吸水率 1.50 %，最大寸法 20 mm，実積率 60.0 %
  (d)　**化学混和剤**：AE 減水剤，液状，密度 1.05 g/mℓ，標準使用量はセメント質量の 1.00 %

なお，本問では，使用材料の塩化物イオン量とアルカリ量は問題ないものとする．

□**5**　**＜強度試験＞**　JIS の規格に従って，直径が 10 cm，高さ 20 cm の円柱試験体の圧縮試験と割裂引張試験を行ったところ，最大荷重がそれぞれ 236 kN と 95 kN であった．この供試体の圧縮強度と引張強度の比を求めよ．

□**6**　**＜応力とひずみの関係＞**　直径が 10 cm，高さ 20 cm のコンクリート円柱試験体の圧縮試験を行ったところ，最大荷重 204 kN で破壊した．このときの圧縮強度を求めよ．また，最大荷重時の変形量が 0.4 mm，コンクリートの破壊時の変形量を 0.7 mm とした場合のひずみを求め，かつ応力–ひずみ曲線を描け．

第2章

木構造に用いる材料

木材は，我々にとって最もなじみ深い材料である．構造材料としては，軽いわりに強度が高く，しかも引張りと圧縮のバランスがとれている．本章では，強度などに関する基本的性質や，それと深く関連する水分の影響について説明する．また，木材は天然材料であるため均質でない．この短所を補うために，最近特に使用例の増えている天然材を加工した，工業製品としての木質材料についても説明を加える．木構造の多くは軸組式構法の建築物である．軸組式構法では部材の接合が重要であり，いろいろな接合方法が存在する．一方，木材の最大の弱点は燃えることであり，耐久性の観点からは腐朽や虫害の被害を受けやすい弱点も持っている．本章では，それらのメカニズムおよび対策についても説明する．

2.1 木構造の原理および概要

2.1.1 軸組式構法の発達（その1）

木の柱を立て，その上に屋根を載せた建築物は，我々にとって最も馴染み深いものであろう．柱や梁などの軸材を組み合わせて建築物を造る，このような建築の構法を，**軸組式構法**という．

軸組式構法の建築物における代表的な材料の1つに，木材が挙げられる．写真2.1～写真2.4は，いずれも木造の軸組式構法建築物である．これらは，東南アジアから東アジアにかけての，森林がうっそうと繁った，雨の多い，湿潤地域に多く分布している．

第1章で述べた一体式構法や，第4章で述べる組積式構法が，ともに主として乾燥した地域で発達した構法であり，壁を造るのに適した構法であるのに対し，軸組式構法は，壁を造るのにはあまり向いていない．しかし，湿潤地域では，建築物に壁は必ずしも必要ではない．これらの地域の建築物に最も要求される機能は，雨を避ける機能である．すなわち，最も重要な建築部位は，壁ではなく，屋根なのである．快適な空間を得るためには，湿気対策として通風を良くする必要があるため，壁はむしろないほうがよい．軸組式構法は，壁を造らないで屋根を掛けるというニーズに合致した構法といえる．

屋根の次に重要なのは，どの部位か．湿潤地域では，地表に，多くの外敵が存在する．湿気を避け，毒虫やネズミなどから身の安全を守り，米などの大切な農作物を保管するために，地表から離れた人工の生活基盤面である床が設けられた．汚れた地表に対し，床上はその汚れから離れられる衛生的で安全，快適な場所である．やがて，床がどの程度地表から離れているか，すなわち床の高さが，その空間の位置付けを表すようになった．今でも，土間，下の間，中の間，上の間，床の間といったふうに，床の高さで序列付けられた空間構成を持つ古い屋敷が各地に残っている．また，伊勢神宮や出雲大社などに代表される**神社建築**も，もとは集落の中心に造られた農作物を保管するための倉庫が，やがて信仰の対象となったものであり，やはり一般の民家などと比較して高い床を持っている．この地域の人々にとって，床の高さは，潜在的にその空間のヒエラルキーを表すものになっているようだ．

写真 2.1
バリ島バトゥカル寺院高倉
［インドネシア］
（写真提供：麓和善 氏（名古屋工業大学名誉教授）

写真 2.2
白川郷旧遠山家［岐阜県］
（写真提供：麓和善 氏（名古屋工業大学名誉教授）

写真 2.3
出雲大社拝殿［島根県］

写真 2.4　唐招提寺［奈良県］（8 世紀建立，写真提供：大溝靖夫 氏）

柱と屋根と床でできた空間では，通風はもちろん，人間の動線や視線を遮るものはほとんどない．内部と外部の境界すら，あいまいな場合が多い．軸組式構法が造り出す空間は，外部から遮断されたものではなく，外部と融合し一体となった開放的なものである．当然，プライバシーなどといった概念は，成立する余地がなかった．

ところで，木材は，腐りやすい材料である．コンクリートや石材，れんがなどと比較すると，耐久性は非常に低い．それでも，少しでも長持ちさせようと，腐朽の原因となる水分が木材に触れないよう，屋根を防水性の高い瓦で葺き，かつ軒の出を長くし，礎石を用いて土と木材を絶縁する．このような方法で造られたのが，**仏教建築**である．我が国では，古くから多くの仏教建築が建立されてきた．写真 2.4 に示す唐招提寺も，その代表例の 1 つである．神社建築が南方から我が国に伝来したのに対し，仏教建築は，湿潤地域の中でも比較的乾燥した，北方（中国東北部，韓国）より伝来した．とはいえ，仏教建築のように太い柱を立て，重くて大きい屋根を掛けるのは，一般の民家などではとうてい不可能である．一般には，木造建築の寿命は短いものであり，人々はそれを当然のこととして受け入れてきた．西洋の人々は，元来，建築物は永遠を指向すべきものと考えているのに対し，東洋の人々は，あくまでも一時的なものと考えている．この潜在意識の差が，双方の文化の違いの根本的な部分の 1 つとなっているように思える．

さて，軸組式構法における最も大きな技術的ポイントは，部材の組み方と，それらの接合部である．我が国では，古くから，鉛直方向と水平方向の部材のみを用いて，建築物を組み上げていった．すなわち，斜めの部材は存在せず，各部材は全て基本的に直角に交わっていた．また，部材の接合部には，**継手**，**仕口**といった高度な技術が施されており，手の込んだ細工を組み合わせ，シンプルな納まりを実現していた．その結果，我が国の伝統的民家などでは，簡素でかつ美しい軸組を構成していた．しかし，このような伝統的な軸組は，鉛直方向と水平方向の部材のみからなるため構造的に不安定な四角形しかできないことと，「継手」，「仕口」による接合部では部材の断面欠損が大きく弱点となることから，構造的には必ずしも優れた方法とはいい難い．

これに対し，西洋の軸組では，壁に**筋違**を入れ，小屋組は**トラス**（3.1.2 項参照）にするなど，斜材をふんだんに使い，構造的に安定している三角形を構成している．また，接合部には金物などを用い，部材の断面欠損を小さくしつつ信頼性を高めている．これらの金物は，通常，木材の外側に隠されることなく取り付けられており，見た目に非常に無骨な印象を与えるものである．つまり，一言でいうと，我が国では元来，強度より美しさが重んじられてきたのに対し，西洋では，美しさよりもまず強度確保が重要視されてきたといえる．

2.1.2　力学原理

木材のうち，構造材料として用いられるのは，ほとんどが針葉樹である．針葉樹では，仮道管と呼ばれる繊維状の細胞が樹体の 90％以上を占めている．この細胞は，樹体の支持と，樹体内での水分や養分の移動を司るもので，いずれも幹の方向を向いている．すなわち，木材は，大雑把にいうと，同一の方向を向いた繊維状の細胞の集合と捉えることができる．木材のこのような構造は，構造材料として重要な 2 つの性質に結び付いている．1 つは自重の軽さであり，1 つは異方性である．82 ページの写真 2.6 に示すように，木材の繊維状の細胞の内部は空隙となっている．この空隙が，自重を軽くする原因となっている一方，繊維の方向に働く力に対しては強いが，繊維と直交する方向に働く力に対しては比較的弱い，異方性の原因ともなっている．木材は，代表的な**異方性材料**である．

ここで，図 2.1 に示すように，軸組式構法の柱，梁などに通常作用する力は，主に圧縮，曲げなどの軸方向の力である．したがって，木材を繊維方向が軸方向となるよう使用することにより，日常的な荷重に対しては，木材の持つ軽さと異方性を有効に活用した，効率の良い設計が可能となる．一方，木材で軸組を構成した場合，部材の接合部などでは繊維と直交する方向に力が働き，側面からのめり込みなどが発生する．このめり込みも，構造上重要な意味を持つ場

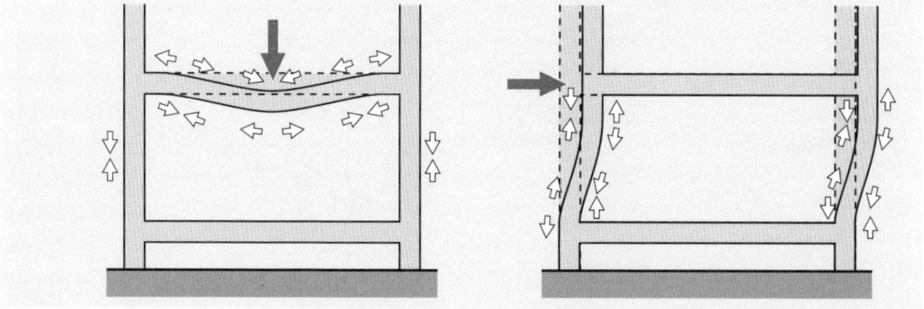

図 2.1　木構造の力学原理

合がある．例えば，我が国古来の伝統的な構法の建築物の中には，軸組に自重や積載荷重が作用した際発生するめり込みにより，接合部がより強固になるよう工夫されたものがある．また，巨大地震など想定を上回る外力が作用した場合には，接合部でめり込みが発生し，このめり込みによりエネルギーが吸収されるため，倒壊の危険性が軽減される．

このように，木材は，その自重の軽さと異方性を巧みに利用することにより，日常的な荷重に対しても非常時の荷重に対しても合理的な設計が可能であり，バランスのとれた構造材料と見なすことができる．

2.1.3　木構造の概要

図2.2，図2.3に，木構造建築物として代表的な，在来軸組構法住宅と，枠組壁工法（ツーバイフォー構法）住宅の概要を示す．

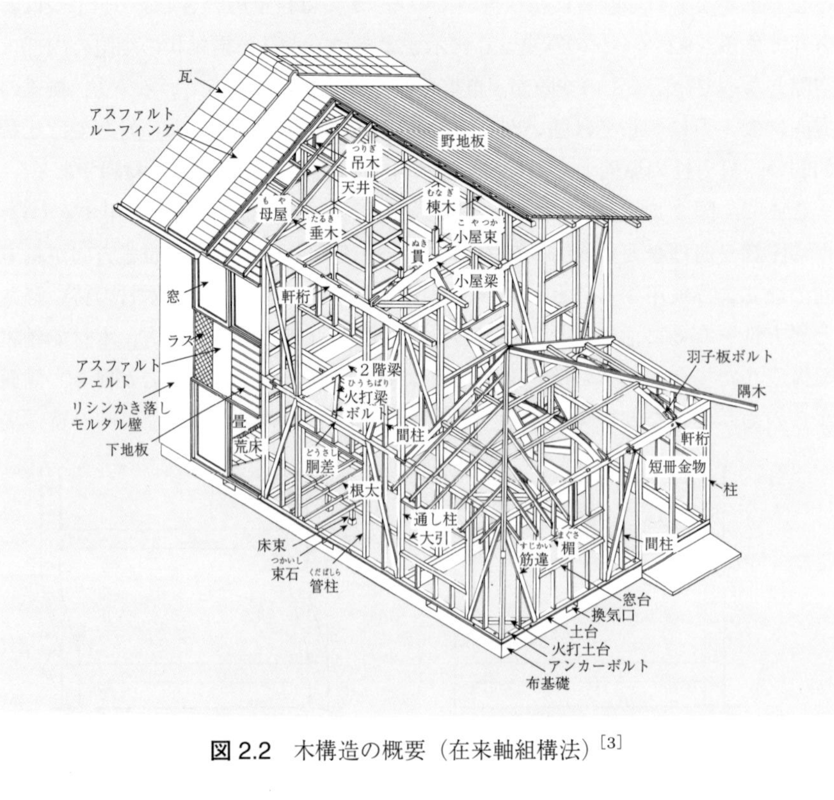

図2.2　木構造の概要（在来軸組構法）[3]

(1)　在来軸組構法

在来軸組構法は，我が国の伝統的な軸組構法の一部に西洋の軸組を取り入れたもので，現在，我が国で新築される建築物件の大多数を占めている．屋根にかかる荷重は**垂木**（たるき），**母屋**（もや），**小屋束**（こやつか），**小屋梁**（こやばり）を介して壁体上部の**軒桁**（のきげた）に伝達される．また，2階床にかかる荷重は**根太**（ねだ），**床梁**（ゆかばり）を介して壁体内の**胴差**（どうさし）に伝達される．軒桁，胴差に伝達された荷重は，壁体内の**柱**や**間柱**（まばしら）を介して**土台**（どだい）まで伝達され，コンクリート製の**基礎**に伝えられる．なお，1階床にかかる荷重は根太，**大引**（おおびき），**床束**（ゆかつか）を介して基礎に伝えられる．このように，荷重は基本的に柱を介して地盤に伝達されることから，壁を設けたり取り除いたりする自由度が高い構法といえる．

建築物の四隅など，構造上特に重要な部分の柱は1階から2階まで1つの部

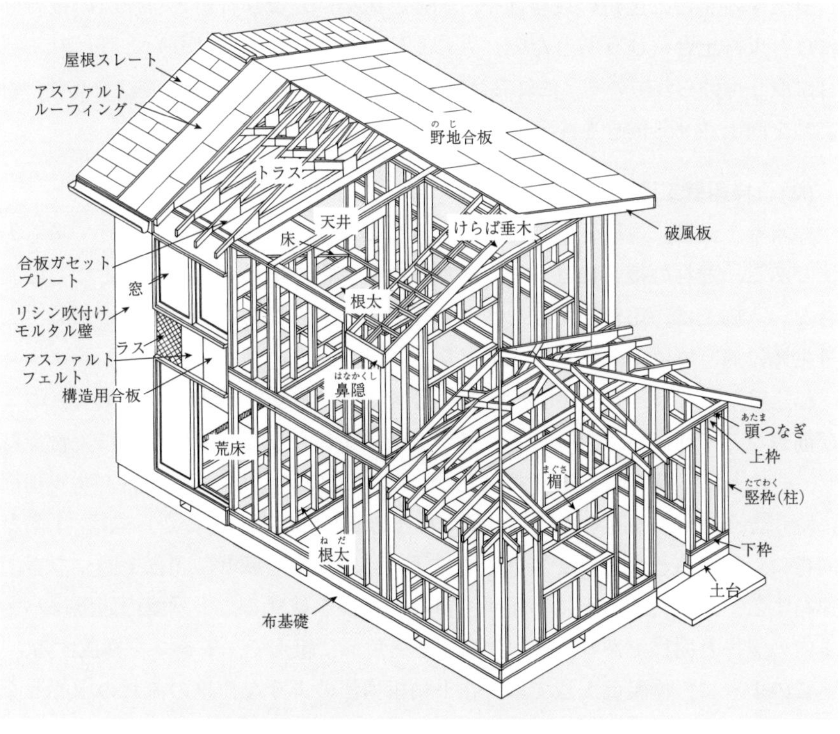

図 2.3　木構造の概要（枠組壁工法）[3]

材で通してある．このような柱を**通し柱**という．これに対し，胴差の部分で1階と2階に分けられた柱を，**管柱**（くだばしら）という．以前より，通し柱は耐震の観点から重要と考えられてきたが，近年は，胴差との接合部に断面欠損があり，この部分がかえって耐震上の弱点になるとされ，全てを管柱で造る事例が増えている．ちなみに，このような構法を，**神楽造り**（かぐらづくり）という．

在来軸組構法の壁体内には，我が国の伝統的な軸組構法では見られない**筋違**（すじかい）という斜材が用いられている．また，接合部には**羽子板ボルト**などの接合金物が用いられており，ともに耐震性の向上に寄与している．在来軸組構法の壁は，和室の内壁などを除いて，柱の外側に板材を貼り付けて造る**大壁**（おおかべ）とするので，竣工後に筋違や接合金物などが人目に触れることはない．ちなみに，我が国の伝統的な民家などに見られる，柱，梁など軸組を露出させた壁を，**真壁**（しんかべ）という．

直交する土台と土台の接合部や，胴差と床梁，および軒桁と小屋梁の接合部には，**火打土台**（ひうちどだい）もしくは**火打梁**（ひうちばり）と呼ばれる斜材が取り付けられている．これらは，床や軒の部分の水平構面の剛性を高め，耐震性を向上させる働きをするものである．

(2)　枠組壁工法

枠組壁工法は，規格化された断面を持つ小単位の部材を組み合わせて造る方法である．部材の接合には，釘，ボルトなど金物を用い，複雑な細工などは施さない．施工は，比較的簡単な作業の繰り返しからなるため，工期が短く，大量生産に適している．

枠組壁工法では，**下枠**（したわく），**竪枠**（たてわく），**上枠**（うわわく）および**筋違**などで構成された「パネル」が構造の主体となる．基礎の上に土台を載せ，その上に1階の床を施工する．1階の床の上に，パネルを載せ，パネル頂部に隣り合うパネル相互を連結する**頭つなぎ**を取り付ける．そこから先は，1階と同様に，頭つなぎの上に2階の床を施工し，パネルを載せ，頂部を頭つなぎで連結する．さらにその上に小屋組を掛け，屋根を載せる．小屋組の間隔はパネル内の竪枠と同様であり，通常，部材を三角形に組んで，トラスを構成する．

このように，枠組壁工法では，在来軸組構法のような荷重の流れの中心となる明確な柱はなく，連続するパネル全体で屋根や床にかかる荷重を受け，基礎まで伝達する．在来軸組構法における荷重の流れが鉄筋コンクリート構造におけるラーメン構造に似ているのに対し，枠組壁工法はあたかも壁式構造に似ている．

また，床は，従来，1 階，2 階とも図 2.3 に示すように成の大きい根太を，土台から土台，あるいは頭つなぎから頭つなぎまで，比較的短い（竪枠と同様の）間隔で架け，その上に捨て板を張り仕上げを施す方法で構成されてきた．いわゆる**梁式**床である．しかし，湿気の多い我が国では，1 階床も梁式とすると，床下に所定の通風口を設けても，成の大きい根太が通風の妨げになるため，捨て板の裏側の根太と根太の間の部分に通風が困難な空間ができ，そこに湿気が貯まるため耐久性が著しく低下する．このことから，近年では，1 階床のみ在来軸組構法と同様の**束建式**にする事例が多くなっている．

古今の大規模木造建築

木材のみを用いた世界最大の木造建築として有名な東大寺大仏殿の大きさは，東西約 57 m（創建時は約 90 m），南北約 51 m，高さ約 47 m である．平安時代の出雲大社も同程度の高さであったといわれている．今日，構造用木質材料による大規模建築物としてはドーム建築が挙げられる．我が国では，出雲ドーム（直径約 141 m，高さ約 49 m），大館樹海ドーム（長径約 178 m，短径約 157 m，高さ約 52 m），また，米国ではタコマドーム，北ミシガン大学スタジアム（いずれもスパン約 160 m）が有名である．

(a)　大仏殿［奈良県］　(b)　大館樹海ドーム［秋田県］

写真 2.5　大規模木造建築（写真提供：(a) 大溝阿佐子 氏，(b) 大館樹海ドーム）

2.2　木材の性質と一般的知識

2.2.1　樹木の種類と主な用途

樹木は針葉樹と広葉樹に大別される．針葉樹は，軽量で通直であることが多く，柱，梁などの構造用材に適する．広葉樹は，一般的に針葉樹に比べ比重が高く硬いものが多いが，社寺建築などを除いて，主に造作用に使用される．建築に用いられる主な針葉樹と広葉樹の種類，特徴，用途を，国産材，輸入材別に，表2.1～表2.4に示す．

表2.1　主な国産材の特性および用途（針葉樹）[6]，[23]，[24]

科名	名称	主産地	特性	用途
スギ科	スギ	本州以南	心材淡紅色～赤褐色，木理通直，軽軟，加工・乾燥容易	建築一般，樽桶用，その他，用途広い
ヒノキ科	ヒノキ	本州中部以南	心材黄白色～淡紅色，木理通直，やや軽軟，加工・乾燥容易，形状安定性良，耐久性・耐湿性良	建築一般，家具用（高級品）
	ヒバ	北海道南部以南	心材淡黄色，木理通直，やや軽軟，加工性良，耐久性・耐湿性大	建築一般，土木，船舶用
	サワラ	本州以南	心材黄褐色，木理通直，軽軟，加工容易，割れやすい，乾燥容易，耐湿性良	建築一般，器具，桶用
マツ科	アカマツ	本州以南	心材淡褐色，木理やや通直，加工容易，耐久性・耐水性良	建築一般，土木，船舶，パルプ用
	クロマツ	本州以南	心材褐色，木理やや通直，重硬，加工性中庸，樹脂分多い，耐湿性良	建築一般，土木，船舶用
	カラマツ	北海道，本州北部～中部	心材褐色，木理通直～交走，重硬，加工やや難，節・樹脂分多い，加工性中庸，耐久性・耐湿性良	土台，電信柱，枕木，屋根板，船舶用
	エゾマツ	北海道	心材淡黄白色，木理通直，軽軟，加工・乾燥容易，割れやすい	建築一般，土木，船舶，パルプ用
	ツガ	本州南部以南	心材淡褐色，木理通直，重硬，加工性中庸，乾燥容易，割れやすい	建築一般，器具，箱材，パルプ用
	モミ	本州以南	心材白色，木理通直，やや軟質，加工容易，乾燥による変形大，耐久性小	建築一般，箱材用

我が国の木材自給率は，一時期（2000 年頃）20 %程度まで低下したが，最近は 40 %弱である．

表 2.2　主な国産材の特性および用途（広葉樹）[6], [23], [24]

科名	名称	主産地	特性	用途
ブナ科	ブナ	北海道南部以南	心材褐色，重硬， 加工性中庸，乾燥難， 変形・腐朽しやすい	床材，家具，楽器用
	ミズナラ	国内各地	心材暗灰褐色，重硬， 加工・乾燥難，割れやすい	床材，家具，樽材， 器具用
	シラカシ	本州中部以南	心材淡黄色を帯びた灰褐色， 国産材としては極めて重硬， 加工・乾燥難	器具，車両，船舶用． 敷居の埋がし， せん・ほぞ
ニレ科	ケヤキ	本州以南	心材黄褐色，重硬， 加工性中庸， 耐久性・耐湿性良，乾燥難	造作，建具，家具用． 国産広葉樹の中では 代表的良材
ゴマノハグサ科	キリ	北海道南部以南	心材くすんだ白色，木理通直， 国産材中最も軽軟，加工容易， 吸湿性小，変形小	家具，楽器，下駄， 箱材用
カツラ科	カツラ	国内各地	心材褐色，やや軽軟， 加工容易，形状安定性やや難	造作，器具用
カエデ科	イタヤカエデ	国内各地	心材淡紅褐色，重硬， 加工・乾燥難	建築内装，家具， 楽器，器具用
バラ科	ヤマザクラ	本州以南	心材褐色，木理ほぼ通直， やや重硬，加工性良， 乾燥難，耐久性良	造作，家具，楽器用
モクセイ	ヤチダモ	本州中部以北	心材褐色，やや重硬， 加工性中庸	造作，家具，器具用
ウコギ科	セン	国内各地	心材淡灰褐色，硬さ中庸， 加工容易，耐久性小	造作，家具，合板， 下駄用

表 2.3　主な輸入材の特性および用途（針葉樹）[6], [23], [24]

科名	名称	主産地	特性	用途
マツ科	欧州アカマツ	ヨーロッパ	心材赤褐色，木理通直，年輪明確，乾燥容易	構造用，集成材用
	欧州トウヒ（ホワイトウッド）	ヨーロッパ	辺心材不明瞭，褐色を帯びた橙色，やや柔軟，耐久性小	包装用，集成材用
	ラジアタパイン	ニュージーランド，チリ	心材淡褐色，木理通直，年輪幅大，年輪明確	包装用，合板用
	北洋カラマツ	ロシア	心材赤褐色，辺材白色ないし黄白色，木理通直，硬質，見た目の欠点多	合板用，土木用
	北洋エゾマツ	ロシア	心材淡黄褐色，木理通直，軽軟，加工容易，油脂分少ない	構造，造作，家具，楽器，パルプ用
	ベイマツ（ダグラスファー）	北米西部	心材橙赤色～赤褐色，木理通直，加工やや難，強度大，樹脂分多い	構造，造作，合板，集成材用
	ベイツガ（ヘムロック）	北米	心材淡黄褐色，木理通直，やや軽軟，加工容易，通直性大	構造，造作用
	ベイトウヒ（スプルース）	北米	心材淡黄褐色，木理通直，軽軟，加工容易，油脂分少ない	構造，造作，家具，楽器，パルプ用
ヒノキ科	ベイヒバ（イエローシーダー）	アラスカ，オレゴン	心材淡黄色，木理通直，やや重硬，加工容易，形状安定性良，耐久性良	構造，造作，家具，楽器用
	ベイスギ（ウエスタンレッドシーダー）	北米西部	心材赤褐色，木理通直，軽，加工容易，耐久性良，スギ科ではない	構造，造作，集成材用

表 2.4　主な輸入材の特性および用途（広葉樹）[6], [23], [24]

科名	名称	主産地	特性	用途
フタバガキ科	レッドメランチ	東南アジア	心材濃赤褐色，木理交錯，やや重硬	構造，造作，家具用
	アピトン，クルイン	東南アジア	心材赤褐色，木理通直～交錯，重硬	構造用，その他
クマツヅラ科	チーク	東南アジア	心材濃褐色，木理通直，重硬，加工容易，耐久性大，外観良好	造作，家具用（高級品）
マメ科	シタン（ローズウッド）	東南アジア，中南米	心材紫褐色，木理交錯，材質緻密，重硬，加工・乾燥難	家具，指物用（高級品）
センダン科	マホガニー	中南米	心材淡褐色，加工容易，形状安定性良，耐久性大，乾燥容易	造作，家具用（高級品）

2.2.2　樹幹の構造と組織

樹木の幹の断面および各部の名称を図 2.4 に示す.

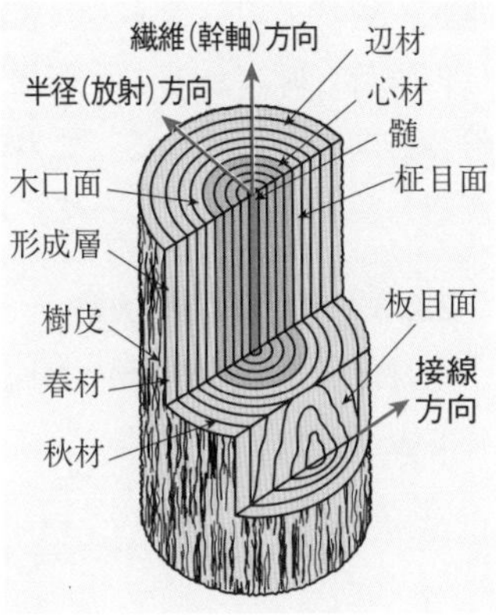

図 2.4　樹木の断面および各部の名称

樹幹は，その断面の中央を占める木部とその周辺の薄い**形成層**，さらに最外部の**樹皮**から構成される．樹木は春から秋にかけて形成層で細胞分裂し成長する．四季のある地域では，春に成長した細胞と夏以降に成長した細胞では見かけの異なる層を形成する．これらをそれぞれ**春材**（早材），**秋材**（晩材）という．1 年間に形成される春材と秋材の層は，ひとまとめにして**年輪**という．年輪の数や幅から樹木の樹齢や成長量がわかる．四季のない熱帯の樹木は一般に年輪を形成しない．

形成層に近い，色の薄い部分を，**辺材**または**白太**（しらた）という．辺材はデンプンなどの栄養を蓄えておく柔細胞が生きていた部分である．辺材は，はじめは薄い色であるが，時間の経過とともに次第に濃い色となる．

幹の中心に近い，色の濃い部分を，**心材**または**赤味**（あかみ）という．心材は，柔細胞が死に，そこに蓄えられていた栄養分が防腐，防菌剤としての働きをする成分に変化した部分である．心材の色はこのときに生じた化学成分の色である．心材は辺材より腐朽しにくい．

中心の**髄**（ずい）に近い部分は弾性係数が低く，**未成熟材**と呼ばれる．樹種により異なるが，例えばスギでは髄から十数年分が未成熟材である．

木材の縦断面において目視できる繊維の条線または年輪の線を**木目**という．木目には**柾目**（まさめ）と**板目**（いため）がある．年輪に対して材面がほぼ直角をなす場合には柾目となり，年輪に対して材面がほぼ接線をなす場合には板目となる．両者の中間は，追い柾と呼ばれる．**木口**（こぐち）の年輪の線も木目に含まれることもある．

図 2.4 において，幹軸方向を**繊維方向**という．また幹軸と直交する断面において，年輪に沿う方向を**接線方向**，年輪に直交する方向を**半径**（放射）**方向**という．木材は，これらの方向の違いにより，強度などの力学的特性や乾湿に対

する寸法安定性が大きく異なることに留意する必要がある．

写真2.6に，木材の顕微鏡写真を示す．木部組織の大部分は細長い中空の繊維状，管状の組織である．組織の構造は針葉樹と広葉樹で異なり，針葉樹材では仮道管と呼ばれる主要組織が，また広葉樹材では木繊維や道管などの要素が幹軸方向に並んでいる．これらの組織は長手方向には強いが，横方向には弱く変形しやすい．したがって，木材は力学的に異方性を示す（2.2.4項参照）．

2.2.3　木材の含水状態

木材は通常，いくらか水分を含んでおり，木材中の水分は下式により**含水率**として表示される．

$$\text{含水率} = \frac{(\text{木材の含有水分の質量})}{(\text{木材の絶乾質量})} \times 100\ (\%)$$

伐採して間もない生木の含水率は，樹種，樹齢，生育地，伐採時期および心材・辺材の別などにより異なるが，おおよそ50～150％の範囲にあり，水分の多い辺材では100％を超えることも珍しくない．

木材中の水分は，細胞壁内で組織と結合している水分（**結合水**）と，細胞の内腔や空隙に存在し自由に移動できる水分（**自由水**）に分類される．結合水は

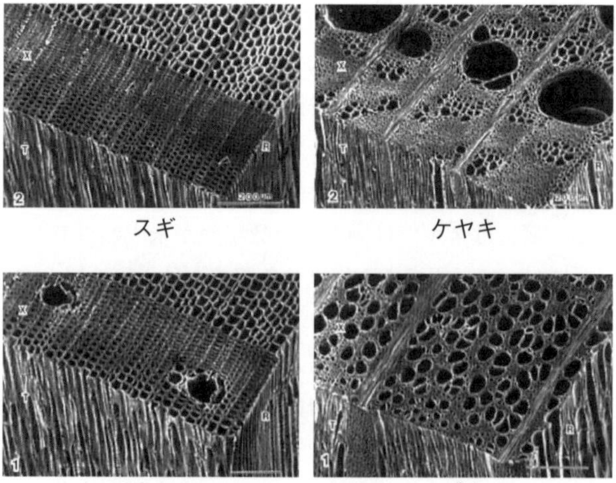

写真2.6　木材の顕微鏡写真

（「スライド木材の組織・構造」（日本木材学会 創立30周年記念事業委員会）より）

木材の力学的性質に顕著な影響を及ぼすが，自由水の影響は小さい．

木材を空気中に放置すると，まず表面から自由水が蒸発していく．蒸発が進行すると木材組織中の自由水がやがてなくなり，結合水だけが存在するようになる．この含水状態を**繊維飽和点**という．通常，繊維飽和点での含水率は25～30％である．

さらに乾燥が進むと，組織中の結合水と大気中の湿度が平衡する状態になる．これを**気乾状態**といい，またこの状態にある木材を**気乾材**という．気乾材の含水率は，気候風土，使用箇所などにより異なるが，我が国では気乾材の含水率はおおよそ10～18％の範囲にあるとされる．便宜的には15％とされることが多い．使用箇所の影響については，例えば，同じ建物の場合でも，床下の根太と2階の柱では含水率が5％以上異なることもある．

乾燥炉を用いるなどして，木材を気乾状態からさらに乾燥させると，ついには結合水も全て失われた状態になる．これを**絶乾状態**あるいは全乾状態といい，またこの状態にある木材を**絶乾材**（全乾材）という．

2.2.4　製材の種類と製法

(1)　種類

製材とは，原木を必要な形状，寸法に切り出したものである．日本農林規格（JAS）によれば，「針葉樹の構造用製材」は図2.5のように分類される．

目視等級区分製材とは，節などの欠点を目視により判断し等級区分するものをいう．このうち，**甲種構造材**は，梁や桁など主として高い曲げ性能を必要とする部分に使用するものであり，**乙種構造材**は，柱など主として圧縮性能を必要とする部分に使用するものをいう．甲種構造材は，さらに，木口の寸法により，「構造用I」と「構造用II」に分類される．構造用Iとは，木口の短辺が36 mm未満の材，および，短辺36 mm以上，長辺90 mm未満の材をいう．構造用IIとは，木口の短辺36 mm以上，長辺90 mm以上の材をいう．また，甲種（構造用I，II），乙種ともに，

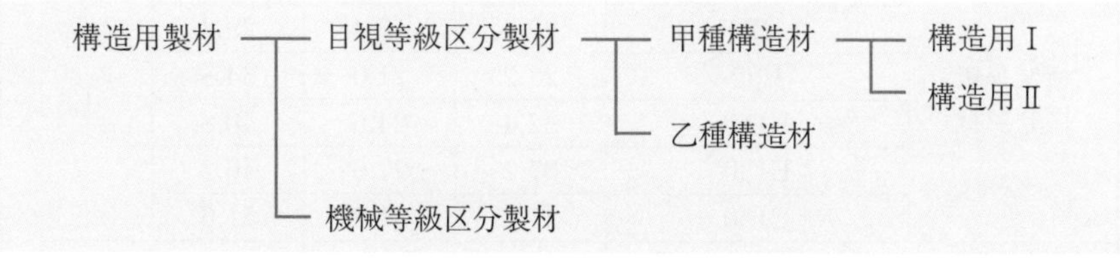

図2.5　針葉樹の構造用製材の分類（JAS）

節や割れなどの欠点の有無や程度により，さらに 1，2，3 級の別がある．

機械等級区分製材とは，機械によりヤング係数（弾性係数）を測定し，等級区分するものをいう．表 2.5 に機械等級区分製材の曲げ性能の等級区分を示す．表中，等級を示す E50 などの数値は，その区分におけるヤング係数の代表値を示す（ただし，単位が $\times 10^3$ kgf/cm^2 の場合の数値）．

表 2.5　機械等級区分製材の曲げ性能の等級区分（JAS）

等級	曲げヤング係数（GPa または 10^3 N/mm^2）	
E50	3.9 以上	5.9 未満
E70	5.9 以上	7.8 未満
E90	7.8 以上	9.8 未満
E110	9.8 以上	11.8 未満
E130	11.8 以上	13.7 未満
E150	13.7 以上	

以上に加え，JAS の製材規格では，小口面の寸法精度，含水率による区分（仕上げ材が含水率 15％以下であることを示す SD15 など），薬剤による保存処理を施した場合の区分（K1〜K5）および材面の美観についても規定されている．また，構造用製材については，表 2.6 にスギの例を示すように，関連法令により樹種や等級別に基準強度が定められている．なお，同表に示すように，法令では JAS に規定されていない無等級材についても基準強度が与えられている．

また，昨今は，在来軸組構法に加え，枠組壁工法の建築も多いため，JAS には「枠組壁工法構造用製材」および「機械による曲げ応力等級区分を行う枠組壁工法構造用製材」も規定されている．

表 2.6　構造用製材の基準強度の例（スギの場合）

等　級			基準強度（N/mm^2）			
			圧縮	引張	曲げ	剪断
目視等級区分製材	甲種構造材	1 級	21.6	16.2	27.0	1.8
		2 級	20.4	15.6	25.8	
		3 級	18.0	13.8	22.2	
機械等級区分製材	E50		19.2	14.4	24.0	1.8
	E70		23.4	17.4	29.4	
	E90		28.2	21.0	34.8	
	E110		32.4	24.6	40.8	
	E130		37.2	27.6	46.2	
	E150		41.4	31.2	51.6	
無等級材			17.7	13.5	22.2	1.8

(2)　製法

樹木の伐採の時期は，樹木の生理活動が低下し，成長のための栄養分が減少する冬期のほうが耐久性などの観点から良いとされるが，実際には，利用目的，産地の気候，運搬手段などの相違により，それぞれ適した時期に伐採される．

樹木を伐採して得た**丸太**の，根に近いほうを**元口**，こずえに近いほうを**末口**という．また，丸太を荒く削って作った角材を**そま角**（そまかく）という．丸太やそま角（これらを素材という）から，用途に応じて必要な寸法の木材に切断することを**木取り**という．図 2.6 に木取りの例を示す．

柾目の材を作るための木取りを柾目取り，板目の材を取るための木取りを板目取りという．一般には，柾目材のほうがくるいは少ないが，歩留まりは悪い．板材の場合，樹木の髄側を**木裏**（きうら），樹皮側を**木表**（きおもて）という．木裏のほうが乾燥による収縮量が少ない．

(3)　乾燥

原木を製材する過程において，木材はいろいろな方法により乾燥させる．構造用製材の場合，適正な含水率は 20％以下とされている．乾燥させる目的（効果）は，以下のとおりである．

①　重量の軽減

②　強度の増大

③　使用時の割れ，変形の抑制

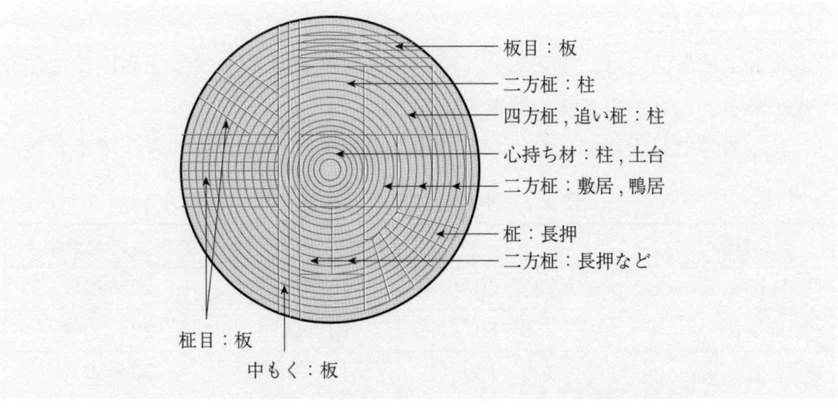

図 2.6　木取りの例（嶋津他著「建築材料」（森北出版）より）

④　腐朽菌類の繁殖および虫害の抑制

⑤　塗装，薬剤注入の容易化

木材は天然材料であり，個体や箇所による性質の差異が小さくないことから，今日でも木材の乾燥は技術と経験を要し，製材の品質を左右する重要な工程である．今日，木材の主な乾燥方法は，以下の2種類に大別できる．

(a)　天然乾燥

一般的な**天然乾燥**では，風通しの良い屋外や屋根付きの保管場所で，木材を桟木（さんぎ）を挟みながら積み重ね（桟積み），そのまま放置し乾燥させる．写真2.7に木材を天然乾燥している状況の例を示す．天然乾燥の場合，含水率が繊維飽和点程度までは比較的早く乾燥するが，それ以降は乾燥速度が低下し，気乾状態になるまでには長い時間がかかる．木材の断面寸法にもよるが，針葉樹で数カ月，広葉樹ではその2倍程度の時間を要する．そのため，今日では**人工乾燥**が多く併用される．人工乾燥の前に予備的に天然乾燥を行うと，乾燥むらを減らすことができる．

写真2.7　木材の天然乾燥
（写真提供：越井木材工業）

(b)　人工乾燥

主な人工乾燥法には，①除湿式，②蒸気式，③高温蒸気式，④高周波加熱減圧式がある．これらの方法の概要を表2.7に示す．

これらの中で，現状では②蒸気式が最も普及している．この方法では，熱源

表2.7　木材の主な人工乾燥方法

乾燥方式	温　度	乾燥時間 *)	処理後の含水率 *)
① 除湿式	35～50 °C	15～30 日	20～40 %
② 蒸気式	50～80 °C	10～14 日	20～30 %
③ 高温蒸気式	100～130 °C	2～3 日	20～30 %
④ 高周波加熱減圧式	35～95 °C	1 日	30～40 %

［注］　*) スギの芯持ち柱材の例

に蒸気を用い，内部送風機により空気を循環させて木材を乾燥させる．①はもっとも穏やかな方法であるが，その分，時間も一番長くかかる．④の方法がもっとも早く乾燥できるが，設備費もかかる．一般に，急激な乾燥ほど，割れ，くるいを生じやすいので注意を要する．

2.2.5　木材の力学的性質

(1)　強度

(a)　圧縮強度，引張強度，曲げ強度，せん断強度の関係

木材の圧縮強度，引張強度，曲げ強度，剪断強度の一般的な相対値を表 2.8 に，また表 2.9 に主な国産材の無欠点小試験片における各種強度の測定例を示す．

これらの表から，各強度の相対関係は，繊維方向においては，引張強度 > 曲げ強度 > 圧縮強度 > 剪断強度の順であることがわかる．しかし，この順序は，実際に使われる寸法の木材ではなく，節や欠点などがない小さな試験片（無欠点小試験片）の試験結果による順序である．

一方，建築に用いる寸法の木材には様々な欠点が含まれているため，実際の製材では，曲げ > 圧縮 > 引張 > 剪断の順になる．表 2.6 に示した，製材の基準強度の値もこの順となっている．また，規格試験で得られた木材の強度値と実用的な寸法の木材の強度値には隔たりがあり，通常，小試験片の強度より実際の木材の強度のほうが小さい．構造設計に用いる製材の基準強度あるいはそれに係数を乗じた許容応力度の値（短期で基準強度の 1.1/3 倍，長期で 2/3 倍）は，安全性確保の観点から小試験片から得られる試験値より低く設定されている．

(b)　強度と木材組織の関係

木材の強度は木材繊維に対する方向により異なる．これを強度の異方性という．木材の強度発現の元になるセルロース繊維の多くは木材の成長方向にほぼ並行に並ぶ，つまり木材の細胞の長さ方向に並んでいるので，繊維方向（幹軸方向）の強度が最も大きい．繊維に直角な方向（半径方向や接線方向）の強度は，表 2.8，図 2.7 に示すように縦方向のおおよそ 1～2 割程度である．半径方向と接線方向を比較すると，半径方向に細胞の長手方向が並んだ放射組織の存在する半径方向のほうが，接線方向よりも強度が高い．また，繊維に直角な方向の場合，引張力は細胞を引き剥がす力となるので引張強度が最も小さくなる．

一般に，木材の強度は単位体積中に含まれるセルロース繊維の量が多いほど

高くなる．したがって，木材の密度が高いほど，強度も高い傾向にある．

(c)　強度と含水率の関係

木材の強度と含水率の間には図 2.8 のような関係がある．含水率が繊維飽和

表 2.8　木材（無欠点小試験片）の各種強度（相対値）[6], [23]
（繊維に平行の圧縮強度を 100 とした場合）

種　類	繊維に平行に加力	繊維に直角に加力
圧 縮 強 度	100	10 ～ 20
引 張 強 度	200 ～ 250	7 ～ 20
曲 げ 強 度	150 ～ 200	10 ～ 20
剪 断 強 度	15 ～ 20	—

表 2.9　主な国産材の強度の測定例（気乾材の無欠点小試験片）[6], [7]

樹　種		比重	各種強度（N/mm^2）				弾性係数 (10^3 N/mm^2)
			引張	圧縮	曲げ	剪断	
針葉樹	スギ	0.38	88	34	64	5.9	7.0
	ヒノキ	0.44	118	39	74	7.4	10.2
	ヒバ	0.45	103	39	74	7.4	8.5
	サワラ	0.34	78	32	54	4.9	5.1
	アカマツ	0.52	137	44	88	9.3	7.8
	クロマツ	0.54	137	44	83	8.8	7.8
	カラマツ	0.50	83	44	78	7.8	10.4
	エゾマツ	0.43	118	34	69	6.9	7.4
	ツガ	0.50	108	44	74	8.8	9.0
	モミ	0.44	98	39	64	6.9	8.1
針葉樹	ブナ	0.65	132	44	98	12.7	11.4
	ミズナラ	0.68	118	44	98	10.8	9.0
	シラカシ	0.83	196	59	118	17.6	11.8
	ケヤキ	0.69	127	49	98	12.7	11.0
	キリ	0.30	59	20	34	5.4	7.4
	カツラ	0.50	98	39	74	8.3	8.8
	イタヤカエデ	0.65	132	44	93	11.8	12.3
	ヤマザクラ	0.62	147	44	103	14.7	10.6
	ヤチダモ	0.55	118	43	93	10.8	11.4
	セン	0.51	93	39	64	8.3	9.7

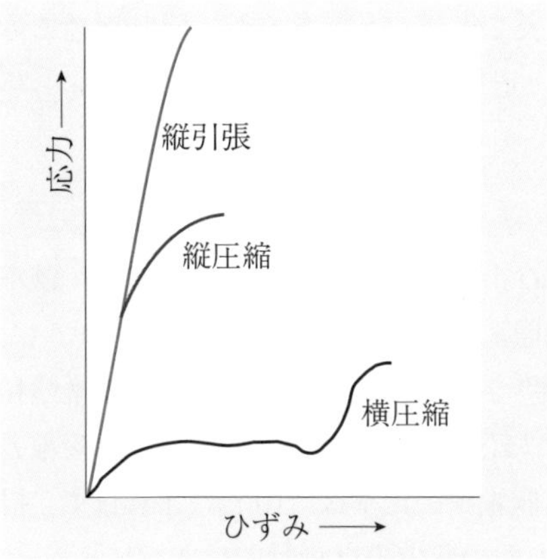

図 2.7　木材の応力–ひずみ関係の模式図 [6]

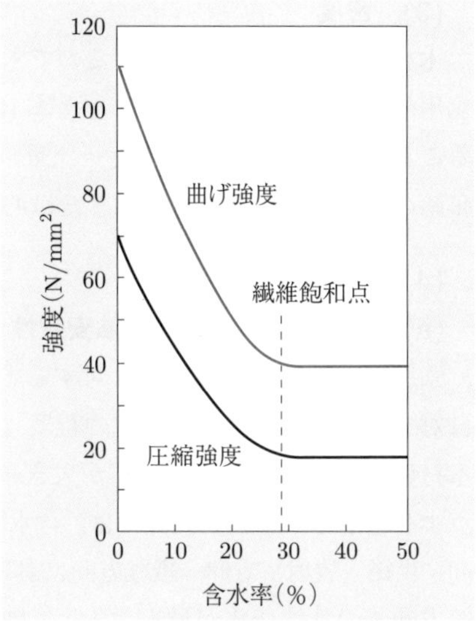

図 2.8　木材の各種強度と含水率の関係（スプルースの例）
（木質構造研究会編「木質構造建築読本」（井上書院）より）

点（おおよそ 30 %）より大きい範囲では強度は一定であるが，木材の含水率が繊維飽和点より小さい範囲では，含水率が小さいほどセルロース分子間や繊維間の水素結合が高まり，その結果，強度は大きくなる．

(2)　剛性（応力–ひずみ関係）

図 2.7 に示したように，木材を繊維方向に引っ張る（縦引張），または圧縮すると（縦圧縮），載荷初期には応力とひずみの関係はほぼ比例関係になり，フックの法則が成立する．荷重がさらに大きくなると比例関係は崩れ，ついには破壊が生じる．一般に圧縮比例限度は明確ではなく，また樹種によっても異なるが，圧縮強度のおよそ 60 %以上とされている．繊維に直角方向に圧縮すると（横圧縮），木材はグズグズと圧潰してゆくため，縦圧縮のように破壊荷重の値が明確ではない．

表 2.9 に主な国産材の弾性係数を示す．ただし，実大の製材では，ばらつきも大きく，常にこのような値を示すわけではない．

(3)　密度

木材は大気中で吸・放湿するので木材の密度は含有水分によって変化するが，実用的には気乾材（便宜的に含水率15％として計算）の単位容積質量で表されることが多い．各樹種の密度（比重）は表2.9のようであるが，同一樹種でも年輪の粗密，生育地，樹齢，または心材・辺材などにより異なる．

(4)　寸法安定性

(a)　乾燥湿潤に対する寸法安定性

強度と同様に，乾燥湿潤に対する木材の寸法安定性には異方性があり，繊維に対する方向により寸法変化の程度（収縮率）は異なる．図2.9に示すように，木材は繊維飽和点より含水率が大きい範囲では体積は変化しないが，繊維飽和点より含水率が小さい範囲では，含水率にほぼ比例して膨潤・収縮する．接線方向，半径（放射）方向，繊維方向における収縮率の比率は，10 : 5 : 1程度で，接線方向での寸法変化が最も大きく，繊維方向の収縮率は相対的に非常に小さい．生木から絶乾状態までの収縮率（全収縮率という）は，樹種により異なるが，おおよそ接線方向で6～10％，放射方向で2.5～4.5％，繊維方向で0.1～0.3％で

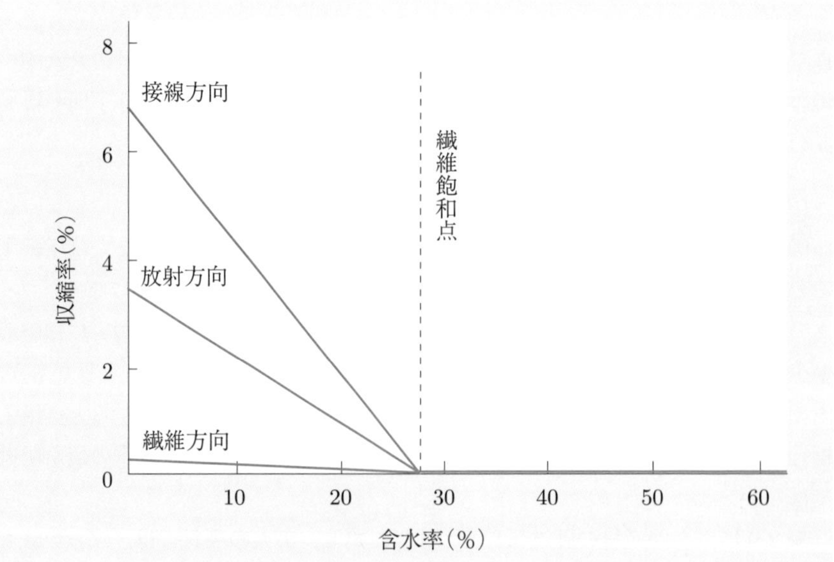

図2.9　木材の乾燥収縮の異方性（ヒノキの例）[26]

ある．この異方性が，図 2.10 に示す木材の曲がりや反りなどの乾燥変形の最大の原因である．

なお，一般に木材の密度が大きいほど，膨潤・収縮率は大きい．また，木材の曲がり，反り，ねじれは，特に繊維の通直性に乏しい製材の場合に著しい．

(b)　温度変化に対する寸法安定性

木材は金属などとは違い熱膨張率は極めて小さく，温度変化により寸法が大きく変化することはほとんどない．

(5)　クリープ

木材は，天然の高分子から構成された材料であるため，大きな継続荷重を受ける梁材などにおいては**クリープ**が生じやすい．クリープにより破壊する応力の限度は最大強度の 40〜60 %程度である．木材のクリープは，応力だけではなく含水率にも左右される．特に木材が乾燥していく状態で継続荷重を受けるとクリープ変形を生じやすい．

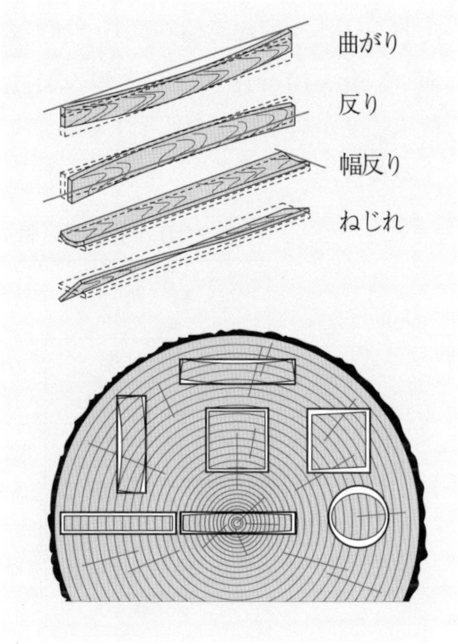

図 2.10　乾燥による木材の変形の例 [3]

2.2.6　木材のその他の性質

(1)　耐火性

木材を加熱して温度が 100 °C を超えると，熱による成分の変化が徐々に始まる．昇温とともに熱分解が始まり，220〜260 °C を越えると急激となる．分解により可燃性ガスの発生が始まる．温度の上昇とともに可燃性ガスの発生は活発となり，口火があると 240〜270 °C 程度で木材の燃焼が始まる．これを**引火**といい，その温度を**引火温度**（引火点）という．さらに温度が上昇し 430〜500 °C 程度になると口火がなくても燃焼が始まる．これを**発火**といい，その温度を**発火温度**（発火点）という．木材の場合，実際の火災では発火よりも引火による火災が多いことから，260 °C を**火災危険温度**としている．

表2.10に示すように，木材の樹種による引火温度，および発火温度の差は小さいが，一般に密度の大きい樹種ほど着火しにくい．

なお，木材は100〜200°Cでも長時間加熱されると，内部発熱により着火する場合もある．

木材は不燃材料ではないが，金属などその他の構造材料と比較して相対的に断熱性に優れ，また高温時における強度の低下率が小さい．したがって，同等の断面寸法の部材の場合，力学的な耐火性は勝ることがある．例えば，同一断面（5 cm×10 cm）の木材と鋼の梁材を同一加熱条件で比較すると，鋼が10分後に強度が約1割まで低下する場合でも，木材は15分後も約6割の強度を保持することができる．

表2.10 主な国産材の引火温度と発火温度[24]

樹種		比重	引火温度 (°C)	発火温度 (°C)
針葉樹	スギ	0.38	240	435
	ヒノキ	0.44	253	430
	サワラ	0.34	257	442
	アカマツ	0.52	263	485
	エゾマツ	0.43	262	475
	ツガ	0.50	253	460
	モミ	0.44	254	460
広葉樹	ブナ	0.65	271	470
	ミズナラ	0.68	265	450
	ケヤキ	0.69	264	464
	キリ	0.30	269	425
	カツラ	0.50	270	470

(2) 断熱性

木材はその熱伝導率が他の構造材料に比較して小さく，断熱性に優れた建材である．木材の熱伝導率を1とすると，鋼は400倍，コンクリートは10倍程度，熱を伝えやすい．

(3)　木材の欠点

木材の欠点とは，木材を利用する上での欠陥部をいい，くるい，割れ，節，あてなどがある．以下に主なものを説明する．

①　**くるい**：木材の乾燥収縮・湿潤膨張により生じる変形の総称で，曲がり，反り，幅反り，ねじれなどがある（図 2.10 参照）．

②　**丸身**：丸太の材面が丸く残り，製材の角が欠けている部分をいう．（②以降は，図 2.11 参照）．

③　**割れ**：割れには原因と現れ方によって多くの種類がある．乾燥割れとは，乾燥に伴い収縮した結果生じる割れをいう．割れの多くは乾燥割れである．目回りとは，年輪に沿う割れをいう．心割れとは，髄（樹心）から放射組織に沿って放射状に外側に発生する割れをいう．心持ち材の場合，あらかじめ背割りを施すことによって新たな表面割れの発生を抑えることができる．

④　**死に節**：幹が成長するときに，枝が幹の中に包み込まれる部分が節となる．生き節とは，まわりの組織と一体化している健全な節をいう．生き節は周囲の組織より硬いことが多く，加工時には注意が必要である．乾燥により生き節に割れが入ることもあるが，強度の低下は比較的小さい．死に節とは，枝の樹皮が介在するなどして，周囲の組織との連絡がない節をいう．死に節が抜け落ち，穴になったものは，抜け節と呼ばれる．

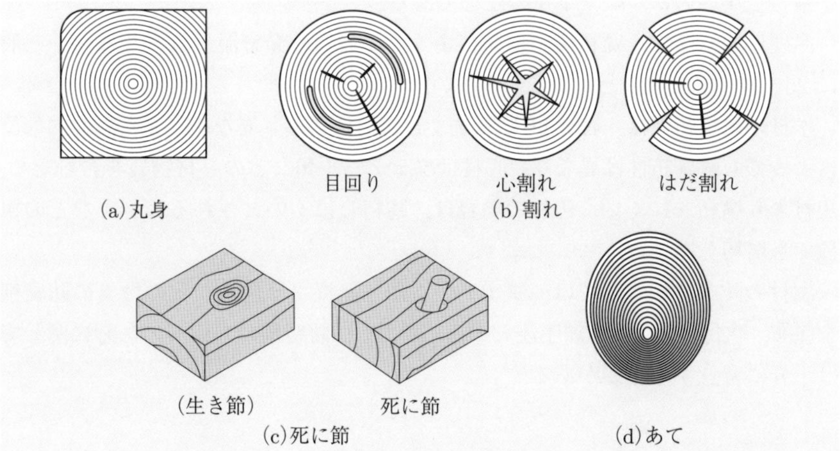

図 2.11　木材の欠点の例

⑤ **あて**：傾斜地などに育った樹木の中には，年輪が一方に大きく偏心し，「あて」と呼ばれる，収縮が大きく，硬くもろい部分を有するものがある．一般に，針葉樹では幹の下側（谷側）に，また広葉樹では上側（山側）に，あてが生じる．

(4) 耐久性

木材は長期間，水分，熱，生物，紫外線などにさらされると，腐朽，虫害，風化，摩耗などの劣化を引き起こす．このうち，特に腐朽と虫害は，短期間に木材の内部深くまで進行することがあるので，耐久性上の考慮が必要である．

(a) 腐朽

腐朽とは，木材腐朽菌により木材組織が分解あるいは変質する現象をいう．腐朽が進行すると，質量，強度が減少するとともに，健全材に比較して吸水，吸湿が促進され，劣化がさらに加速される．

木材腐朽菌の増殖には，水分，温度，酸素が必要であり，腐朽を抑えるには，最低限これらの要因の1つを除くことが必要である．

水分に関しては，含水率が繊維飽和点以下では腐朽することはなく，一般に含水率が30〜150％の間で腐朽が生じる．含水率が150％以上になると，木材中の空気（酸素）が減少するため，腐朽しにくくなる．常時水面下にある木材が腐朽しないのは，酸素不足のためである．

温度に関しては，腐朽菌の種類によりその最適な発育温度は異なるが，一般に25〜30°Cを適温とするものが多い．

木材の耐腐朽性は，表2.11に示すように樹種により異なる．また，幹内部位によっても耐腐朽性は異なり，心材はフェノール類などの心材物質を含むため，辺材より腐朽しにくい．辺材の場合は，腐朽しにくいとされるヒノキなどの樹種でも腐朽しやすい．

木材の防腐方法としては，フェノール類・無機フッ化系などの種々の防腐剤を塗布，吹付け，浸漬，加圧注入する．ただし，防腐剤の人体への影響に関しては十分に留意する必要がある．

表 2.11　主な木材の耐腐朽性と耐虫害性
（嶋津他著「建築材料」（森北出版）より）

<table>
<tr><th colspan="3" rowspan="2">樹　種</th><th rowspan="2">耐腐朽性</th><th colspan="2">耐虫害性</th></tr>
<tr><th>シロアリ</th><th>ヒラタキクイムシ</th></tr>
<tr><td rowspan="8">針葉樹</td><td rowspan="5">国産材</td><td>スギ</td><td>□</td><td>□</td><td rowspan="9">あり</td></tr>
<tr><td>ヒノキ</td><td>○</td><td>□</td></tr>
<tr><td>ヒバ</td><td>○</td><td>○</td></tr>
<tr><td>アカマツ</td><td>△</td><td>△</td></tr>
<tr><td>ツガ</td><td>△</td><td>□</td></tr>
<tr><td rowspan="3">輸入材</td><td>欧州アカマツ</td><td>□</td><td>△</td></tr>
<tr><td>ダグラスファー</td><td>□</td><td>△</td></tr>
<tr><td>スプルース</td><td>×</td><td>△</td></tr>
<tr><td rowspan="8">広葉樹</td><td rowspan="5">国産材</td><td>ブナ</td><td>×</td><td>□</td></tr>
<tr><td>ミズナラ</td><td>○</td><td>△</td><td rowspan="7">なし</td></tr>
<tr><td>ケヤキ</td><td>○</td><td>△</td></tr>
<tr><td>イタヤカエデ</td><td>△</td><td>□</td></tr>
<tr><td>ヤマザクラ</td><td>□</td><td>□</td></tr>
<tr><td rowspan="3">輸入材</td><td>メランチ</td><td>△</td><td>△</td></tr>
<tr><td>アピトン</td><td>□</td><td>□</td></tr>
<tr><td>チーク</td><td>◎</td><td>○</td></tr>
</table>

［注］　◎：極大，○：大，□：中，△：小，×：極小

(b)　虫害

最も代表的な**虫害**は，**シロアリ**による食害である．木材を食害するシロアリは主としてヤマトシロアリとイエシロアリ（写真 2.8）である．ヤマトシロアリは全国に分布し湿潤した木材を食害する．イエシロアリは西日本に主に分布し，水分の補給能力があるため，基礎周りの木材だけでなく，小屋組材も食害する．ヤマトシロアリによる食害は緩慢であるが，イエシロアリによる食害は激烈である（写真 2.9）．

防蟻方法としては，防腐剤に防蟻成分を添加した防腐防蟻剤を塗布，吹付け，浸漬，加圧注入する．

その他，木材を食害する昆虫は数多いが，広葉樹ではとりわけ**ヒラタキクイムシ**による被害が大きい．被害は木材中で孵化した幼虫によって生じ，多くの場合，成虫が材外に出るときに開ける穴や，穴からの粉末により発見される．辺材が多く被害を受け，心材はあまり被害を受けない．被害を受けやすい樹種は，ナラ，キリ，カシ，メランチなどである．防虫剤としてはホウ酸化合物などがある．なお，古い民家や社寺建築などに使われた針葉樹には**シバンムシ**の被害が多い．

(c)　風化

木材が長年にわたって日照，風雨にさらされると，紫外線，赤外線，水，砂塵などにより，木材表面が変質，摩耗する．これを**風化**という．風化は表面部分から徐々に進み，局所的に内部へ進行することはない．

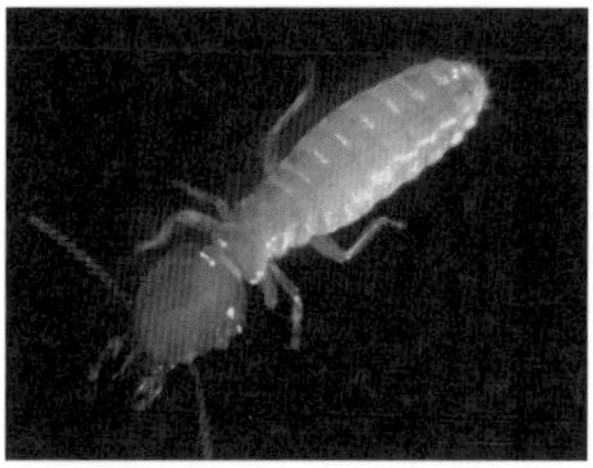

写真 2.8　イエシロアリ

写真 2.9　イエシロアリによる食害の例

2.3　木質材料の種類と一般的知識

今日では，製材に加え，木材を一旦小さい寸法の原料に分解し，それを接着剤などにより再構成した，**木質材料**と呼ばれる加工品も多く使用されている．合板や集成材はその代表例である．一般に木質材料は製材では得られないような特性を持ち，原料選択や寸法の自由度も高い．

現在，主な木質材料に関しては，日本農林規格（JAS）あるいは日本工業規格（JIS）が定められている．本書においてもこれらの規格に従い，構造用材として使用されるものを中心に，以下および図 2.12 に説明する．

なお，木質材料には，構造部材に使われる「構造用」と，造作材や化粧材に使われる「造作用」がある．この区分は極めて重要である．造作用の製品は強度に関して品質管理されておらず，接着剤も耐水性の低いものが多いため，構造用として使うことはできない．

(1)　枠組壁工法構造用たて継ぎ材

「**枠組壁工法構造用たて継ぎ材**」とは，枠組壁工法（ツーバイフォー工法）用の製材を**フィンガージョイント**（写真 2.10）によってたて継ぎした針葉樹材である．枠組壁工法建築物の構造耐力上主要な部分に使用し，たて枠用，甲種，乙種の別がある．

写真 2.10　フィンガージョイントの例

(2)　集成材，構造用集成材

集成材とは，**ひき板**（lamina：ラミナ）と呼ばれる板材や小さい角材などを，その繊維方向がほぼ平行となるように，厚さ，幅および長さの方向に集成接着した木質材料である．ひき板のたて継ぎの方法としては，多くの場合，フィンガージョイントが用いられる．

集成材の特徴としては，製材よりも大きな断面と長さの製品を自由に作れること，製造段階で木材の欠点が除去または分散されること，ひき板の段階で乾燥させるので割れやくるい等の発生が少ないこと，湾曲材など形状の自由度が高いこと，が挙げられる．

JAS では集成材は，造作用集成材，化粧ばり造作用集成材，化粧ばり構造用

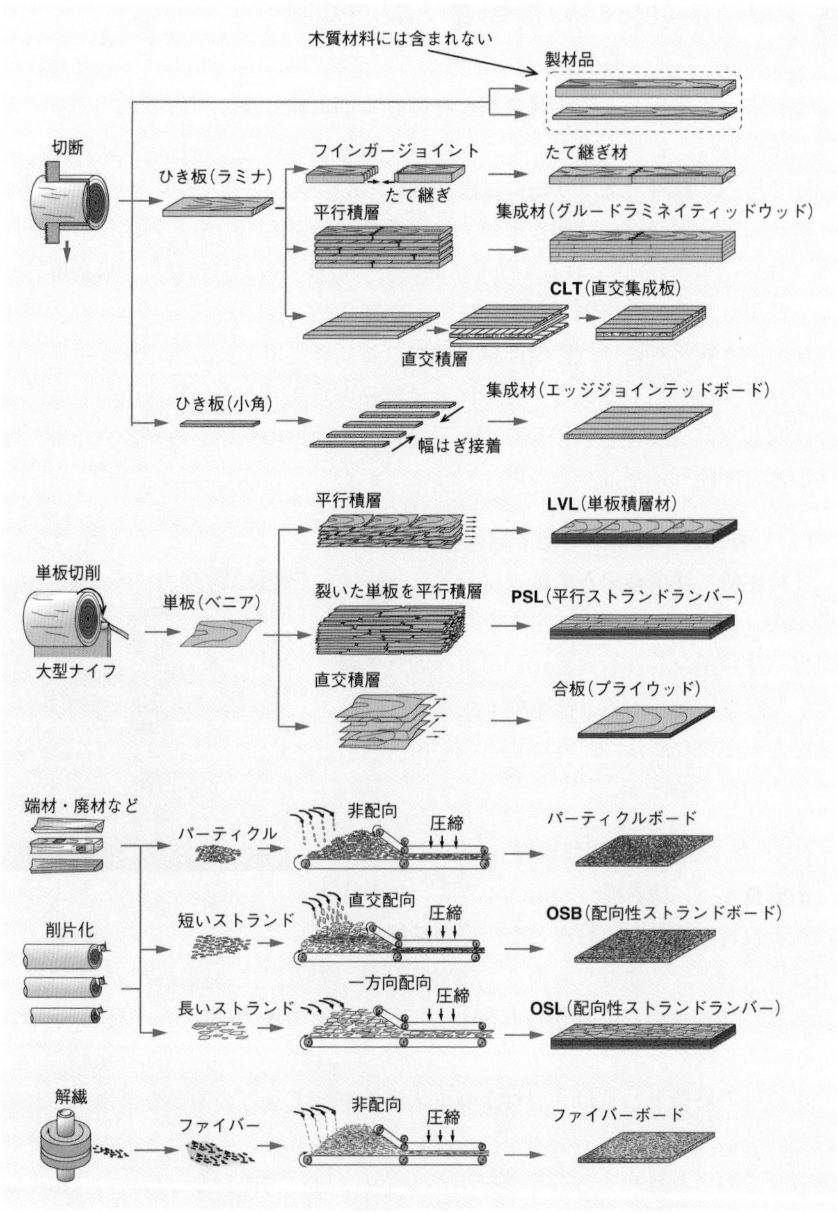

図 2.12　主な木質材料の種類と製造工程（図版提供：林知行 氏）

集成柱，構造用集成材の 4 種類に分類される．造作用と構造用とでは，使用できる継ぎ手の種類，使用できる接着剤の種類，必要なひき板の積層枚数が異なる．

構造用集成材にも，ひき板の品質やその構成により種類があり，強度等級の区分も細かく規定されている．断面寸法によっても，大断面，中断面，小断面の区分があり，例えば短辺が 15 cm 以上で断面積が 300 cm^2 以上のものを大断面構造用集成材という．構造用集成材では，耐水性，耐候性，耐熱性に関して要求水準の高い「使用環境 1」，および通常の水準の「使用環境 2」という区分があり，区分ごとに選定基準がある．

構造用集成材は，木造住宅の柱や梁などに使われるほか，大断面集成材では，大規模建築物の構造材としての需要も多い．

(3)　CLT

CLT（Cross Laminated Timber）は，JAS では直交集成板とも呼ばれる．CLT は図 2.12 に示すように，ひき板（ラミナ）を幅方向に板の繊維方向が揃うように並べて厚板状にしたものを，厚さ方向に複数枚，交互に直交させて積層接着した木質材料である．前述の集成材では，厚さ方向に関して，ひき板の繊維方向が並行するように板を張り合わせるのに対して，CLT ではひき板の繊維方向が直交するように交互に板を張り合わせる点が異なる．CLT は従来の木質材料と比べて大寸法の部材として使用されることが多い．現状，我が国

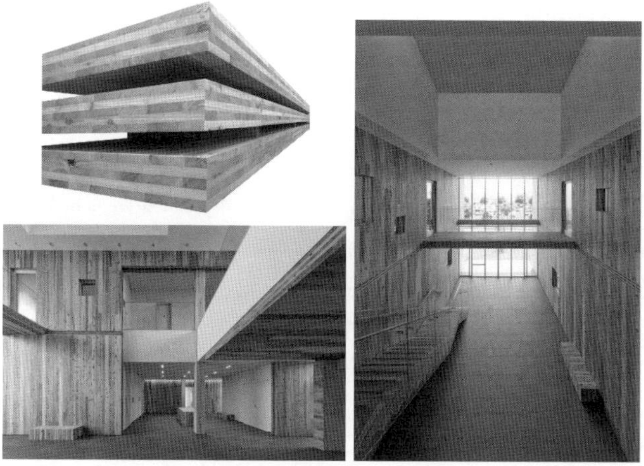

写真 2.11　CLT と CLT を用いた建築物の例（写真提供：（左上）日本 CLT 協会，（左下，右）鈴江章宏建築設計事務所 ＋ 界設計室 ＋ ○ケンチクジムショ）

では最大で，厚さ 30 cm，幅 3 m，長さ 12 m 程度の原版が製造可能である．

CLT は 1980 年代からヨーロッパを中心に発展し，現在では戸建て住宅，中層共同住宅など，様々な建築物に広く利用されるようになっている．写真 2.11 に CLT および CLT を用いた建築物の例を示す．

(4) 合板

単板（veneer：ベニヤ）と呼ばれる木材の薄板を，その繊維方向が互いにほぼ直角となるように 3 枚以上接着したものを**合板**（ごうはん，plywood）という．単板には，原木をかつら剥きして作るロータリー単板と，原木を平削りして作るスライスド単板がある．従来は南洋産の広葉樹を原料とする合板が多かったが，現在では針葉樹を原料とする合板の生産量のほうが多い．JAS では合板の種類を，普通合板，コンクリート型枠用合板，構造用合板，天然木化粧合板，特殊加工化粧合板に分類している．また，合板を接着の程度により，特類，1 類，2 類の 3 種類に区分している．なお，特類とは屋外および常時湿潤な場所に使用する合板，1 類とはコンクリート型枠用合板および断続的に湿潤となる場所に使用する合板，2 類とは時々湿潤となる場所に使用する合板をいう．

構造用合板では，接着の程度は特類または 1 類の 2 種類のみである．また，強度特性等により 1 級と 2 級の区分がある．2 級では曲げヤング係数だけが規定されるが，1 級ではさらに曲げ強度も規定される．

(5) LVL

LVL（Laminated Veneer Lumber）とは，単板をその繊維方向がほぼ平行となるように積層接着したものをいう．厚さ方向について，一部の単板を繊維方向が直交するように積層接着した製品もある．単板積層材とも呼ばれる．

集成材の場合と同様に，JAS では，主として構造物の耐力部材に用いられる LVL は「構造用単板積層材」として別枠で規格化されている．この LVL は，単板の積層数や単板の接着部の品質や分布により，特級，1 級，2 級の区分がある．また，級ごとに曲げ性能の区分も細かく規定されている．

LVL は，住宅の柱や梁，また I 型ビームのフランジ材としてよく用いられる．写真 2.12 に LVL および LVL を用いた建築物の例を示す．

(6) PSL

PSL（Parallel Strand Lumber，平行ストランドランバー）とは，厚さ 2〜

写真 2.12　LVL と LVL を用いた建築物の例（写真提供：キーテック）

4 mm の単板（ベニヤ）を繊維方向に幅 12〜16 mm，長さ 60〜250 cm の細長い木片（ストランド）に切削し，割れ，節などの欠点を除去し，フェノール樹脂接着剤で加圧しながら連続積層接着し，これを所定の寸法に裁断した木質材料である．現状，北米からの輸入材である．LVL と同様に，柱や梁・桁などの住宅の構造用として用いられる．

PSL の特徴としては，製造段階で欠点が除去され，目立てやたて継ぎ部が少ないので，強度のばらつきが小さく，構造信頼性が高い．また，接着剤にはフェノール樹脂接着剤が用いられ，耐水性，耐久性も高い．

PSL の用途は，大きさや形状の自由度が高いことから，大断面構造用集成材と同様に，長大な構造部材としての用途が多いが，住宅の柱や梁などの一般的な用途にも適している．

(7)　パーティクルボード

パーティクルボードとは，木材などの小片を主な原料として，接着剤を用いて成形熱圧した板をいう．規格としては JIS の「パーティクルボード（JIS A 5908)」，JAS の「構造用パネル」の規格がある．JAS では，木材の小片を接着して板状に成形した材，または，これに単板を積層接着した材のうち，主として構造物の耐力部材に用いられるものを構造用パネルと規定している．曲げ性能により，1 級から 4 級までの等級がある．

パーティクルボードは現在のところ，我が国では基準強度が与えられていないために，厳密に構造計算を必要とするような用途には使えないが，壁や床などの下地用構造材として多用されるようになってきた．なお，構造的な用途の場合，JISに示されるPタイプ（Pはフェノール樹脂の頭文字）と呼ばれる耐水性に優れるものが使用される．

(8) OSB

OSB（Oriented Strand Board，配向性ストランドボード）とは，厚さ0.3〜0.8 mmの長方形（長さが幅の2倍以上）の木片（ストランド）を，合板のように表面層と中心層が直交するように配列し，構造用の接着剤を用いて圧縮成形した木質ボードである．OSBは経済性に優れるが，吸水時に厚さ方向に膨張しやすい．OSBの生産は北米が中心であり，材料となる樹種は広葉樹のアスペンである．OSBは，構造用合板の代わりに，住宅用のパネルとしてよく使用される．

(9) OSL

OSL（Oriented Strand Lumber，配向性ストランドランバー）とは，小径の丸太から直接，長めの木片（ストランド）を取り，それを一方向に並べて積層したものである．PSLより安価である．

(10) ファイバーボード（繊維板）

ファイバーボードとは，木材その他の植物繊維を主原料とし，これらを繊維化してから成形した板材の総称である．JIS（A 5905）では密度により3種類に区分され，低密度（0.35 g/cm^3 未満）のものは**インシュレーションボード**，中密度（0.35 g/cm^3 以上，0.80 g/cm^3 未満）のものは**MDF**（Medium Density Fiberboard），高密度（0.80 g/cm^3 以上）のものは**ハードボード**と呼ばれる．このうち，インシュレーションボードとハードボードは湿式の工程により製造され，MDFは乾式の工程により製造される．

インシュレーションボードは，軽量で断熱性，吸音性に優れ，内装材や畳床によく使用される．MDFは，材表面の平滑性，加工性，化粧性に優れ，家具用，造作用，下地用に使用される．ハードボードは，密度は高いが相対的に強度も高く，多方面で使用される．接着剤を選べば耐候性も向上するので，外装材としても利用される．ただし，構造用としてはパーティクルボードと同様，我が国では基準強度が与えられていない．

2.4　部材の接合

木材の主な接合方法には，嵌合による方法，接着による方法，金物による方法，の 3 種がある．

(1)　嵌合による方法

嵌合（かんごう）とは木材同士をかみ合わせたり，はめ込んだり押して接合することをいう．嵌合には**継手**（つぎて）と**仕口**（しぐち）とがある．継手とは，2 つの部材を長さ方向に接合したものである．同様に，仕口とは，2 つ以上の部材をある角度（多くの場合，直角）で接合したものである．我が国では，木造建築の長い歴史の中で様々な継手・仕口が生み出されてきた．しかし，近年は伝統的な継手・仕口のみによる接合は減り，補助的に金物が併用されることが多い．図 2.13 に金物を併用した仕口による接合の例を示す．またここ 10 年ほどの間に，工場であらかじめ接合部を加工しておくことが一般的になってきた．これを**プレカット**，また加工された木材を**プレカット材**という．

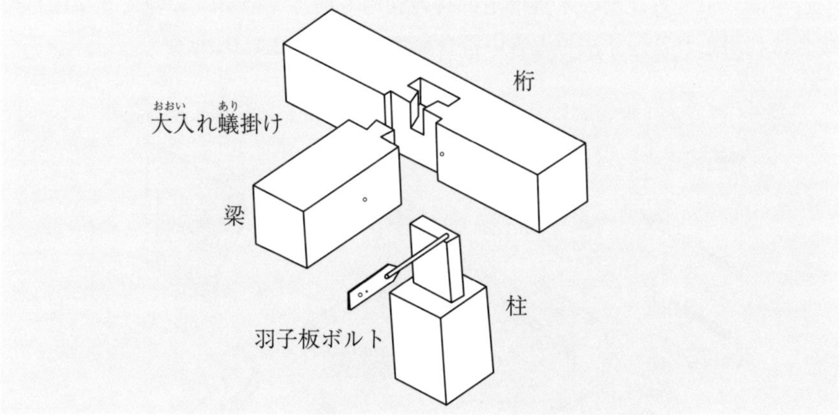

図 2.13　金物を併用した仕口による接合の例 [3]

(2)　接着による方法

接着による接合は，工場で生産される構造用の木質材料に関しては，接着剤が広く用いられている．しかし，通常の在来軸組構法や枠組壁工法の施工現場においては，構造部材を接着剤だけで接合することはほとんどない．

一方，近年の大型木構造物においては，構造部材の接合に接着剤の利用あるいは構造用金物との併用が試みられるようになっている．

(3)　金物による方法

金物による接合は，他の方法に比べて施工が容易，確実であり，また構造計算がしやすいため，特に大型木構造物においては金物の使用が不可欠である．一般住宅においても金物接合の重要度は増しており，建築基準法・品確法などにも在来軸組構法における金物の使用が明記されるようになった．

図2.14，写真2.13に在来軸組構法における金物とその使用例を示す．北米の在来構法をオリジナルとする枠組壁工法では，金物による方法が主たる接合方法である．

近年は，中・大規模の木質構造部材の利用も増えている．このような部材の接合に利用される，寸法の大きい接合金物の例を図2.15に示す．

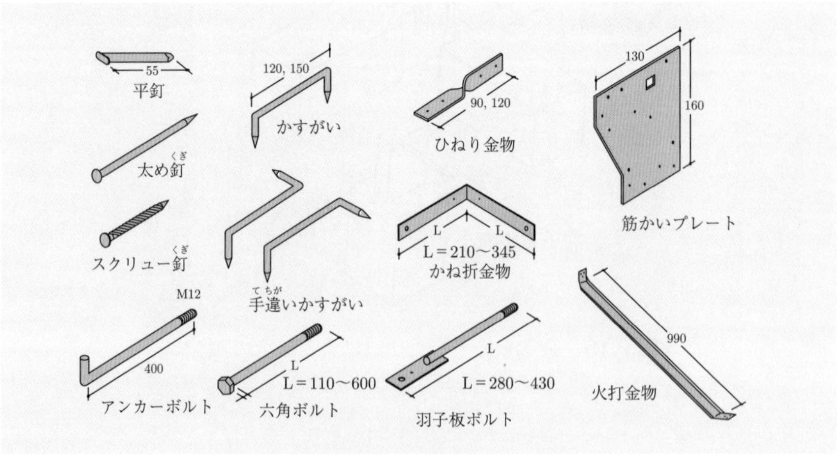

図2.14　在来軸組構法用金具の例[3]

写真 2.13　在来軸組構法における金物の使用例
（「写真でみる接合金物の使い方」（日本住宅・木材技術センター）より）

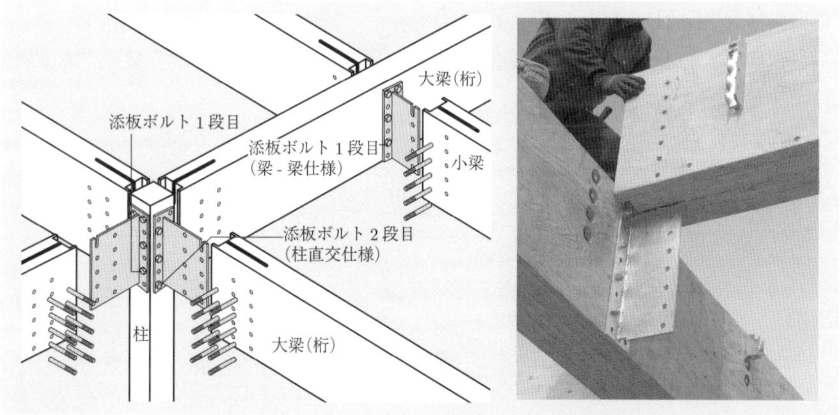

図 2.15　木質柱・梁接合部における接合金物の例（資料提供：BX カネシン）

参考

筋違いプレートやホールダウン金物（引き寄せ金物）などを**接合金物**，これらを固定する釘やボルトなどを**接合具**，両者を併せたものを**金物**と呼んでいる．□

2.5 木材，木構造の防火方法

木材の防火方法には次のようなものがある．

(1) 不燃材料による被覆

木材の表面をモルタルや金属板などの**不燃材料**で被覆する．

(2) 防火塗料の塗布

木材の表面に**防火塗料**を塗布し，木材を難燃化する．防火塗料とは，火災時に有毒ガスの発生を抑え，同時に火災の進展を妨げる効果を持つものをいう．防火塗料には様々な種類があり，難燃（または不燃）皮膜による表面被覆型，火災時の熱による発泡断熱層生成型，脱水作用による炭化層生成促進型などがある．

(3) 薬剤による難燃化処理（加圧注入，浸漬，塗布）

木材にリン酸アンモニウム，ハロゲン化合物，ホウ素化合物などを主成分とする薬剤を加圧注入などして，難燃化する．

一般に，薬剤処理に専用の設備が必要で費用もかかる上，既存建造物には適用できないことが短所である．

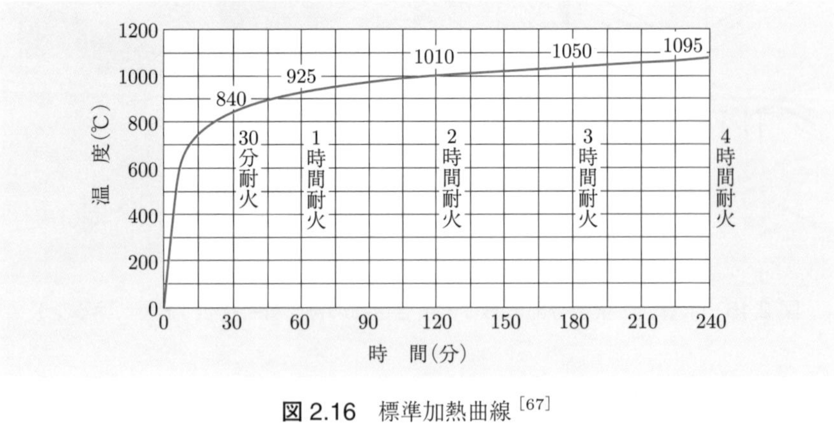

図 2.16　標準加熱曲線 [67]

(4)　大断面化

木材の断面寸法を大きくし，難燃化する．断面の大きい木材は，火災時に温度が上昇しにくく着火に時間がかかる．また，着火しても表層に形成された炭化層が遮熱層となり，燃焼がそれ以上内部へ進行しにくくなる．樹種にもよるが，JIS A 1304 の標準加熱条件（図 2.16）の場合，炭化速度は毎分 0.6～0.7 mm 程度である．

最近の大型木質部材では，火災時の**燃えしろ**を考慮して断面設計が行われており，例えば，準耐火構造に用いる大断面木造の柱，梁に対し，60 分準耐火で 45 mm の燃えしろが定められている．写真 2.14 に，燃焼試験の結果，炭化層が形成された集成材の例を示す．

写真 2.14　燃焼試験により表層が炭化した集成材の例

2.6 木構造の耐久性

木構造の耐久性は，大きく製材・木質部材の耐久性と，部材接合部の耐久性に分けて考えられる．

(1) 製材・木質材料の耐久性

製材の耐久性については，2.2.6 項に記したとおりである．

木質材料の耐久性も基本的には製材の耐久性に準じるが，木質材料は一般に接着剤により固化，一体化されているので，接着剤の性能，耐久性が木質材料の耐久性を大きく左右する．木質材料は長いものでも 100 年程度の歴史しかないため，実証的な判断は難しいが，例えば耐水性に優れるレゾルシノール系樹脂接着剤を用いた構造用集成材であれば，直接風雨，日照にさらされなければ，長期間の使用が可能であると考えられている．

しかし，耐水性に劣るユリア樹脂接着剤などを用いた造作用集成材の場合は，耐久性は異なる．造作用集成材は，乾燥した室内では 20～30 年以上の耐久性を有するとされるが，風雨にさらされる屋外では数年のうちに著しい劣化，腐朽を引き起こす．

(2) 接合部の耐久性

今日，木造建造物の接合部には，前述したように，嵌合によるもの，接着によるもの，金物によるもの，あるいはそれらを複合したものがある．

嵌合による接合部の耐久性に関しては，基本的に木質部分の耐久性に等しい．

接着による接合部の耐久性に関しては，前項に述べた内容と同様である．

金物による接合部に関しては，金物の耐久性に従うが，一般に金属材料は錆びやすいので，使用状況に応じた防錆処理が必須である．

2 章の問題

□**1** 次の各記述が正しければ○，誤りならば×を付けよ．

① 木材は，260〜290 °C 以上になると口火より着火する．

② 木材の気乾状態での平衡含水率は，25〜30 %である．

③ 木材の強度は，含水率が繊維飽和点より小さい領域では，含水率が小さいほど強度は大きくなる．

④ 木材の乾燥収縮は，含水率 15 %程度を境にそれ以下で急激に大きくなる．

⑤ 木材が腐朽するためには酸素，養分，水分ならびに温度の 4 条件が必要であり，これらのうち 1 つでも欠けると腐朽は生じない．

⑥ 木材は，繊維に対して平行方向のほうが直交方向よりも強度が高い．

⑦ 木材の強度は，含水率が約 30 %以上ではあまり変化しない．

⑧ 含水率とは，材料中に含まれる水分を絶乾質量で割ったものである．

⑨ 木材では，一般に辺材のほうが心材より強度は高い．

⑩ 普通合板に使用される接着剤は，耐水性に大きく影響を及ぼす．

⑪ 背割りとは，板または柱等木材の見える部分に生じるひび割れを防止するため，予め見えない部分に木材の中心まで切れ目を入れることである．

⑫ 針葉樹と広葉樹では，一般に針葉樹の強度が大きい．

⑬ 木材の熱伝導率は，コンクリートの熱伝導率の 1/10 程度である．

⑭ 木材を製材する際の歩留まりは，一般に板目取りより柾目取りのほうが高い．

⑮ 一般に，比重の大きい木材ほど耐腐朽性に優れている．

⑯ 木材は，含水率が 30〜60 %の場合に最も腐朽しやすい．

⑰ 構造用大断面集成材は火災時に表面に炭化層が形成され，内部への燃焼の進行は遅い．

⑱ 木材が口火なしで燃焼が始まる温度は，約 450 °C である．

□**2** 在来軸組構法と枠組壁工法について，構成部材，部材の接合方法，特徴を表を設けて説明せよ．

（次のページへ続く）

□**3**　下記の木質材料について，構成されるエレメントのタイプを明記し，主な用途を記入せよ．また，エレメントが小さいとどのような性質を示すのか説明せよ．

木質材料	エレメント	用　途
集成材		
CLT （Cross Laminated Timber）		
合　板		
LVL （Laminated Veneer Lumber）		
OSB （Oriented Strand Board）		
MDF （Medium Density Fiberboard）		

□**4**　クロマツ，シラカシ，キリを水に浮かせた場合，水に沈みやすい順序に並べよ．

□**5**　生材の板目板の幅が 10 cm ものを，気乾状態まで乾燥させた場合，寸法はいくらになるか．なお，気乾までの板目方向の収縮率は 3.5 %とする．

第3章

鋼構造に用いる材料

鋼構造の特徴は何といってもその軽やかさにあり，超高層や大スパン建築などで，鋼材の持つ，優れた特性がいかんなく発揮されている．材料自身が強く均質であり，かつ引張りと圧縮のバランスがとれており，加工性にも優れているため，効率の良い柱，梁材の製造が可能である．まさに，軸組式構法に最適な材料である．ただし，建築技術者は，鋼材を自ら製造することはなく，既存の製品を選定し，加工して使用するのが通例である．また軸組式構法であるため，接合部が重要である．そのため様々な接合方法とその材料について説明する．本章ではこれに加え，さらに鋼材の耐久性を支配する腐食のメカニズムやその予防的措置についても説明する．

3.1 鋼構造の原理および概要

3.1.1 軸組式構法の発達（その2）

写真3.1〜3.4に示した建築物は，いずれも，鋼材を用いた軸組式構法の建築物である．長い間，木材を用いて発達してきた軸組式構法は，19世紀後半に入り，鋼材という，強く，変形しにくく，均質で安定した材料を得て，大きく展開した．より高く，あるいはより広く，より開放的にといった人々の夢を，鋼構造は次々と実現していった．

鋼構造の建築物は，近代建築の代名詞として，都市部を中心に今や世界各地に建設されている．鋼材は完全な工業製品であることと，現在では物流システムが確立されていることから，もはや材料自体に地域性を見出すことは難しい．しかし，長い間一体式や組積式構法の建築物が造り出す閉鎖的な空間に慣れてきた西洋の人々にとって，鋼構造の造り出す開放的な空間は，大きなショックであったに違いない．受け入れられるには長い時間を要したと思われるが，現在では，古い建築物と新しい建築物の対比が，西洋の都市を代表する新たな風景として定着しつつある．

3.1.2 力学原理

鋼材は木材と異なり，材料の方向で強さが異なることはない，**等方性材料**である．この鋼材の優れた特性を利用した鋼構造の力学原理を，図3.1に示す．

図3.1の(a)は，一般的な**ラーメン構造**である．ラーメン構造の梁は，曲げ荷重が作用するため，断面2次モーメントの大きい断面形状にする必要がある．一方，鋼材は比較的重い材料であるから，自重を小さくする，すなわち断面積を小さくすると有利である．この2つの目的から，図3.2に示すH形の断面形状を有する**H形鋼**が生まれた．H形鋼では，中心より上下方向に離れた位置に多くの断面積が配置されている．これが**フランジ**である．梁中央部では上フランジは圧縮，下フランジは引張りに抵抗し，梁端部ではその逆となる．鋼材はコンクリートのように圧縮と引張りで強さが異なることはないから，作用する力の方向により断面を変えたり補強する必要はない．ただし，上下のフランジが別々に変形したのでは意味がない．そこで，上下のフランジが一体となって変形するよう両者をつないでいるのが**ウェブ**である．力学的には，フランジ間に作用する剪断力に抵抗するのが，ウェブの働きである．図3.3に示したのは，

写真 3.1
東京スカイツリー［東京都］
（写真提供：大溝靖夫 氏）

写真 3.2
ウィリスタワー［アメリカ合衆国］
（Beyond My Ken, 2011（CC BY-SA 4.0））

写真 3.3
東京工業大学百年記念館
［東京都，設計：篠原一男］

(a) 外観　(b) 内観

写真 3.4　バンテリンドーム ナゴヤ［愛知県］（写真提供：(株)ナゴヤドーム）

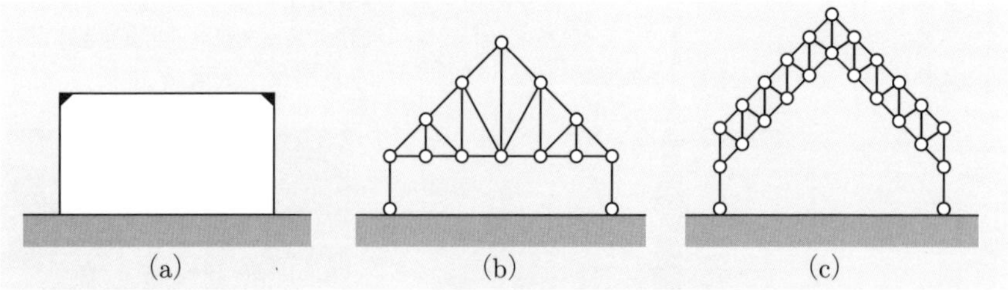

図 3.1　鋼構造の力学原理

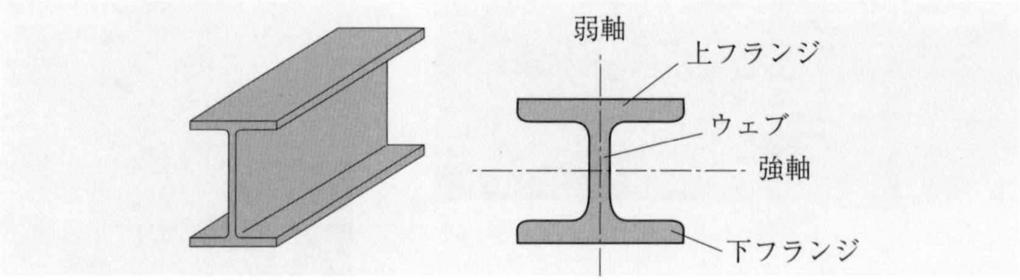

図 3.2　H 形鋼の概要

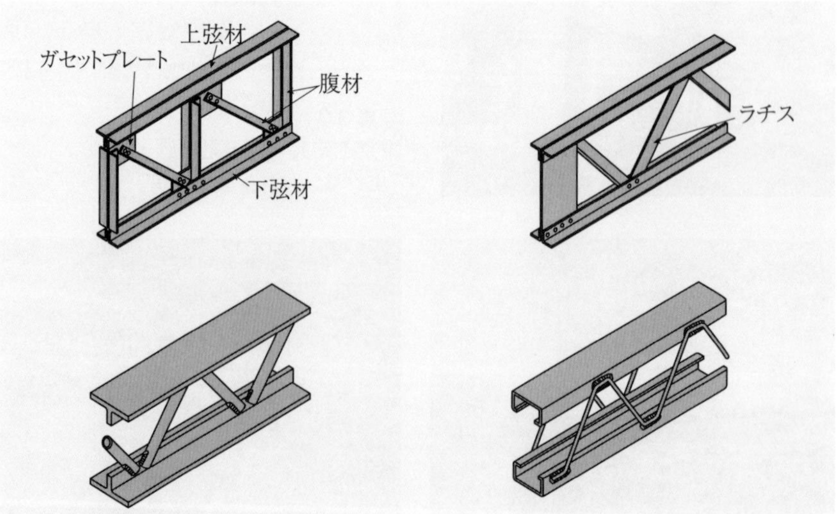

図 3.3　いくつかの部材を組み立てて造る梁の例（ラチス梁）[3]

いくつかの部材を組み立てて造る梁の例である．図では，フランジに該当する上弦材，下弦材を，ウェブに該当する部材でジグザグにつないでおり，ウェブの体積が少ない分自重が軽減されている．このようなウェブを**ラチス**といい，ウェブがラチスで構成された梁を「ラチス梁」という（同様に「ラチス柱」も存在する）．

図 3.1 の (b)，(c) は，部材を三角形に組み，部材の接合部を全てピン接合としたもので，このような軸組を**トラス**という．トラスでは，部材の接点に荷重が作用した際，各部材には圧縮力，もしくは引張力のみが伝達される．このため，曲げ荷重が作用する一般的な梁と比較して，変形を小さく抑えることができ，その結果，スパンを格段に長くすることができる．また，前述の理由から，圧縮材と引張り材で断面を変える必要はない．しかし，鋼構造では一般に部材の断面が小さいため，長い部材を用いる場合，圧縮力が作用した際の座屈に注意する必要がある．例えば，図 3.1 の (b)，(c) に示した 2 種のトラスを比較すると，(b) では比較的長い部材が存在するのに対し，(c) では短い部材のみでトラスが構成されており，構造的により安定したトラスとみなすことができる．

3.1.3　鋼構造の概要

図 3.4～3.6 に，鋼構造建築物の例として，中層骨組（両方向ラーメン），中層骨組（一方向ブレース）および低層山形骨組（山形トラス）の概要を示す．

図 3.4，3.5 に示すように，鋼構造の梁には，一般に H 形鋼が用いられる．またこれらの図から，いずれの梁も，梁端から少し中央に寄った部分に継手が設けられていることがわかる．この位置は，ラーメン構造の梁にかかる曲げモーメントがゼロになる位置と近似している．一般に，柱，梁接合部には大きな荷重がかかるため，施工不良がないよう工場にて溶接し，現場では，梁端部が接合された柱材と梁中央部の部材とを高力ボルト接合する場合が多い．

また，スラブは，図に示すように，施工の際に支保工を建てる必要がない**デッキプレート**スラブとする場合が多い．鋼製のデッキプレートを梁間に架け渡し，その上にスラブの上端筋を配筋し，軽量コンクリートなどを打ち込む（このようなコンクリートを現場では「トッピングコンクリート」と呼ぶ）方法で造られる．ここで，H 形鋼の上端には**スタッドコネクター**と呼ばれる鋲が取り付けられているが，これはスラブのコンクリートの中に埋め込まれることにより，H

形鋼とコンクリート間で剪断力を伝達し，曲げ荷重に対して両者が一体となって挙動する**合成梁**を構成するためのものである．

図3.4と3.5を比較すると，柱の断面形状が異なることがわかる．図3.4では，異方性のない断面形状の**角形鋼管**が用いられている．梁のように通常作用する荷重の方向が特定できる部材ではH形鋼は有利であるが，柱の場合，地震時に作用する荷重の方向を特定するのは困難である．したがって，角形鋼管のように異方性のない断面形状の鋼材を用いる場合が多い．そうすることにより，水平2方向のいずれの構面も，通常のラーメン構造で剛性を確保することができる．一方，図3.5では，柱にもH形鋼が用いられている．ここで，H形鋼の向きは，柱間隔が短い**桁行方向**よりも，長い**梁間方向**の曲げに対する抵抗が大き

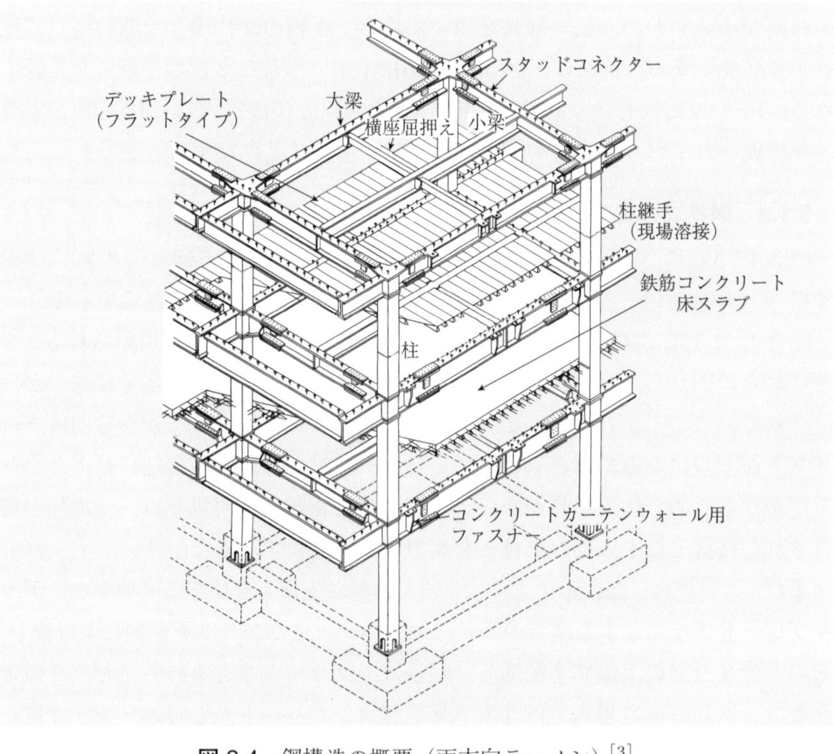

図 3.4　鋼構造の概要（両方向ラーメン）[3]

くなる向きに設置されている．この結果，梁間方向の構面はラーメン構造で剛性を確保できるのに対し，桁行方向は剛性が不足するため，筋違である**ブレース**を入れて補強している．

また，鋼構造の柱脚には，地震時に大きな引抜き力が作用する．この引抜き力に抵抗するため，図 3.4 では通常の基礎上端上に柱脚を固定した後，柱の周囲のみコンクリートを増し打ちしている．一方，図 3.5 では，柱脚を基礎の内部に埋め込み，かつコンクリートと接する部分にスタッドコネクターを取り付け，一体化を図っている．

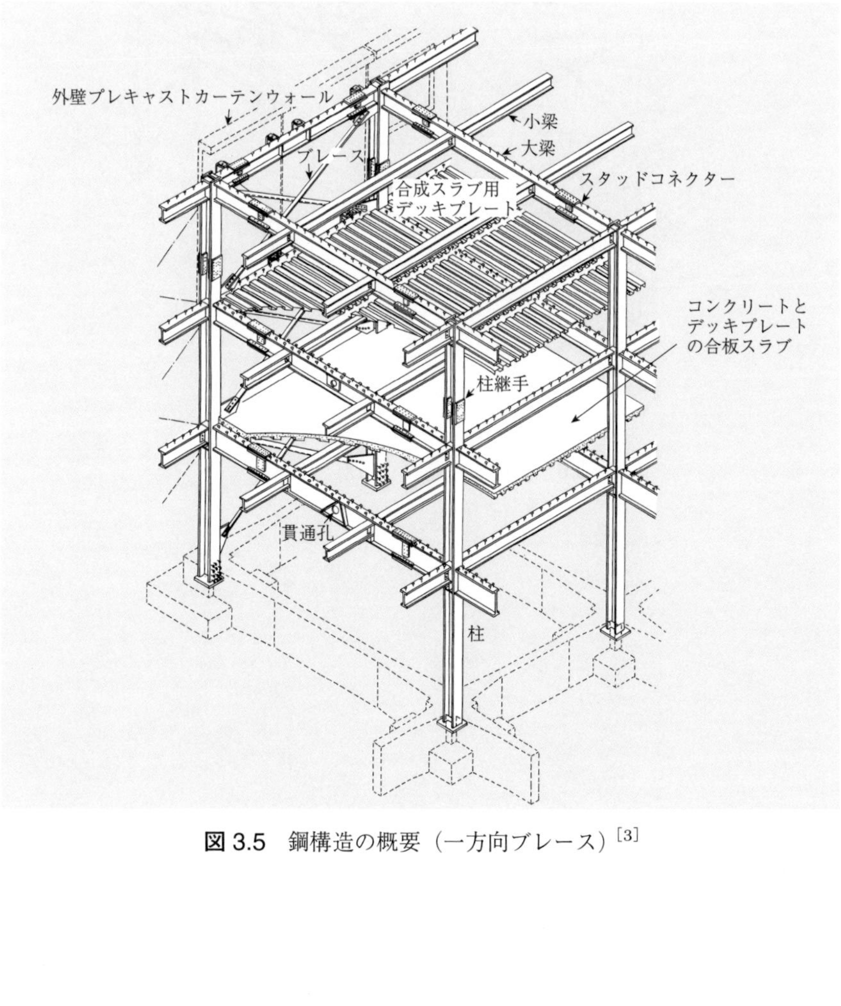

図 3.5　鋼構造の概要（一方向ブレース）[3]

図 3.6 は，比較的軽量な部材でトラスを組んで大スパン架構を具現している例である．図 3.5 と同様の考え方に従って，異方性のあるラチス柱はスパンの長い梁間方向の剛性が高くなるよう設置されており，剛性が不足する桁行方向には，壁面および屋根面にブレースを入れて補強している．

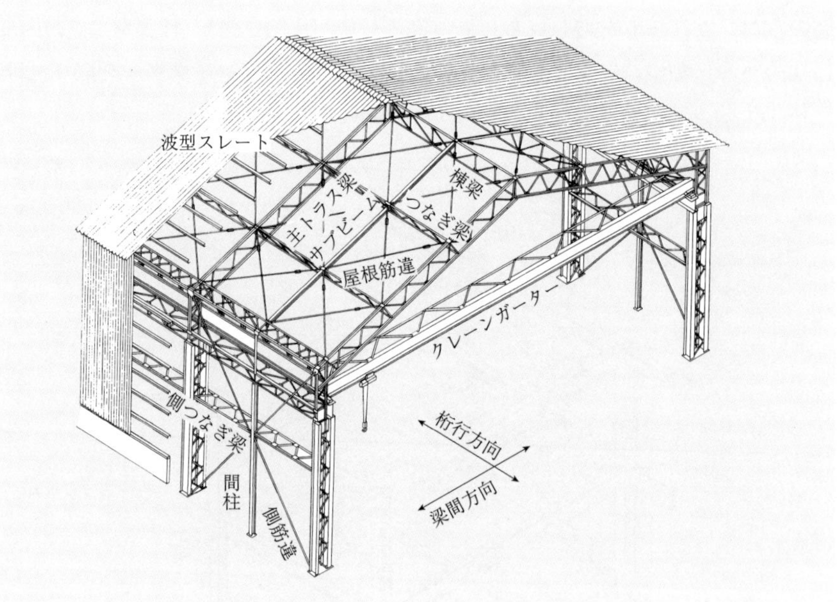

図 3.6　鋼構造の概要（山形トラス）[3]

3.2　鋼材の種類

3.2.1　鋼材の形状

鉄鋼メーカーでは使いやすいような基本的な形状のものを生産し，供給している．これらを組み合わせて**鋼構造**は作られる．基本的な形態には次のようなものがある（図 3.7）．

(1)　形鋼

山形鋼，**I 形鋼**，**溝形鋼**，**H 形鋼**などがある．

(2)　軽量形鋼

帯鋼をロールで**冷間加工**して，厚さ 4 mm 以下の薄い肉厚にしたものである．形鋼に比べて，軽いわりに力学的特性が良いので，曲げ材や圧縮材に有効であり，**軽量鉄骨構造**に用いられる．

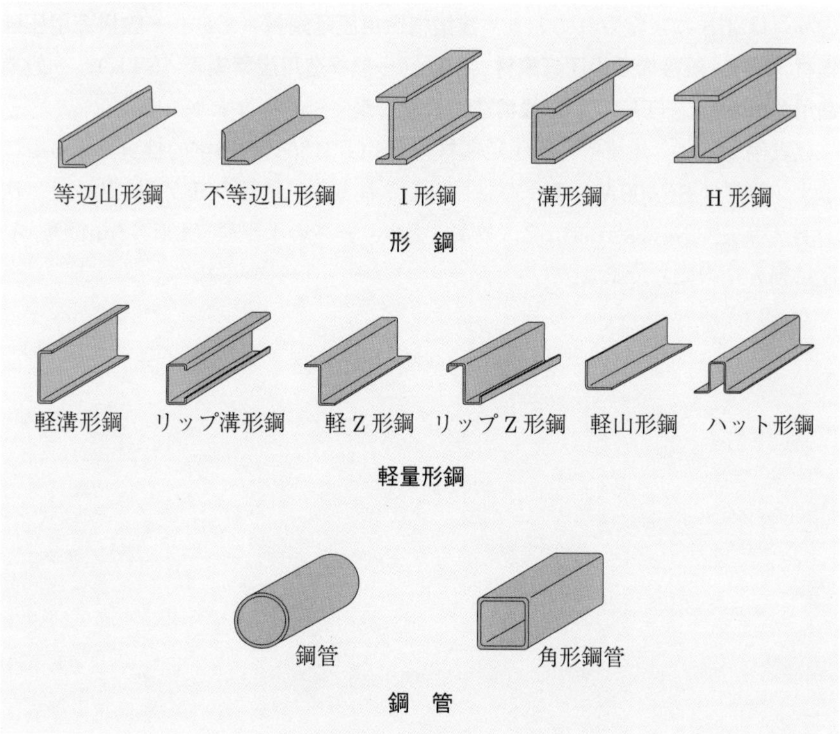

図 3.7　鋼材の形状

(3)　鋼板類

平鋼は組立て材として用いられ，幅は300 mm程度まで各種ある．厚さは4.5〜36 mmであるが，6 mm，9 mmのものが多く用いられる．**鋼板**はもっと幅広のもの（600〜3000 mm）であり，厚さも50 mmまで多種ある．柱や梁部材の製造や組立て材に使用される．鋼板のうち3 mm以下のものは**薄鋼板**と呼ばれ，軽量形鋼製造の材料として用いられる．

(4)　鋼管

丸鋼管，**角鋼管**があり，柱部材として適している．異方性がなく，閉鎖型断面であるのでねじり剛性が高いため，断面性能に優れている．

3.2.2　構造用鋼材の種類

鋼材には溶接性の良否などによりいくつか種類があり，また強度もいろいろ用意されているので，目的に応じた種類と強度の鋼材を選ぶ必要がある．材料の品質はJISに規定されており，**建築構造用圧延鋼材**（SN），**一般構造用圧延鋼材**（SS），**溶接構造用圧延鋼材**（SM），**一般構造用炭素鋼管**（STK），**一般構造用角形鋼管**（STKR），**一般構造用軽量形鋼**（SSC）などがある．

代表例として，建築構造用圧延鋼材（JIS G 3136）の力学的性質を表3.1に示す．種類はSN400Aのような記号で示されるが，最初のSが鋼（Steel），次のNが用途（New structure），数字は引張り強さの下限値（400 N/mm^2），A，Bは細分類の記号である．

表 3.1 建築構造用圧延鋼材の力学的性質の規定値（JIS G 3136）

種類の記号	降伏点または 0.2％オフセット耐力（N/mm^2）					引張強さ（N/mm^2）	降伏比（％）					伸び（％）		
												1A 号	1A 号	4 号
	厚さ t（mm）						厚さ t（mm）					厚さ t（mm）		
	$6 \leqq t < 12$	$12 \leqq t < 16$	16	$16 < t \leqq 40$	$40 < t \leqq 100$		$6 \leqq t < 12$	$12 \leqq t < 16$	16	$16 < t \leqq 40$	$40 < t \leqq 100$	$6 \leqq t \leqq 16$	$6 < t \leqq 50$	$40 < t \leqq 100$
SN400A	235 以上				215 以上	400 以上 510 以下	制限なし					17 以上	21 以上	23 以上
SN400B	235 以上	235 以上 355 以下			215 以上 335 以下		制限なし	80 以下				18 以上	22 以上	24 以上
SN400C			235 以上 355 以下						80 以下					
SN490B	325 以上	325 以上 445 以下			295 以上 415 以下	490 以上 610 以下	制限なし	80 以下				17 以上	21 以上	23 以上
SN490C			325 以上 445 以下						80 以下					

3.3 部材の接合

多くの部材は工場で切断され，孔等が開けられた状態で搬入される．現場ではそれを組み立て接合する．接合方法としては機械的に留め付ける方法と，材料を部分的に溶かして一体化させる冶金的方法の2種類がある．

3.3.1 機械的接合

(1) ボルト接合

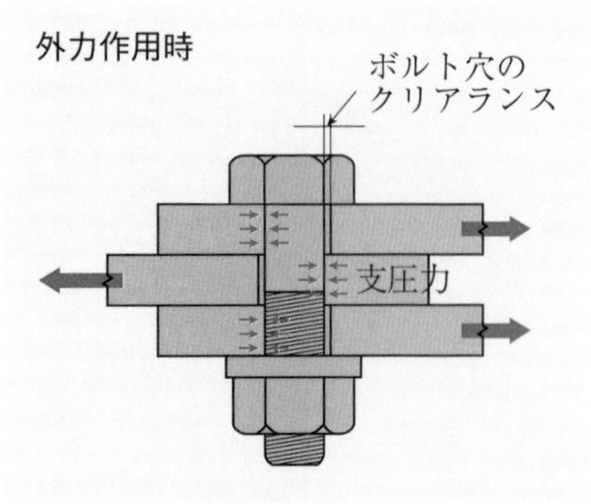

図3.8 ボルト接合

部材に孔を開け，それにボルトを挿入し，座金を入れた後ナットで留め付ける．部材に外力が作用したときはボルトの側面を介して力が伝達される（図3.8)．

(2) 高力ボルト接合

作業はボルト接合と同じであるが，材質が高張力鋼でできているため，強い締付けが可能である．そのため部材間には強い圧縮力が生じ，外力が作用したときは部材間に摩擦力が生じ，力を伝達させる（図3.9)．摩擦面が重要となる

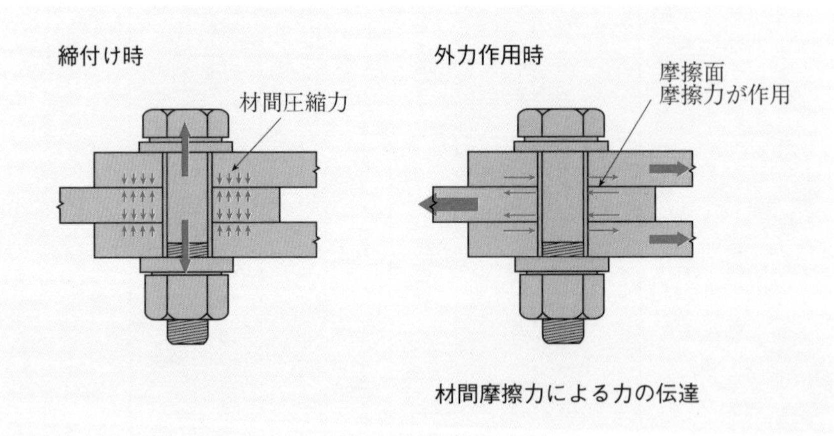

図3.9 高力ボルト接合

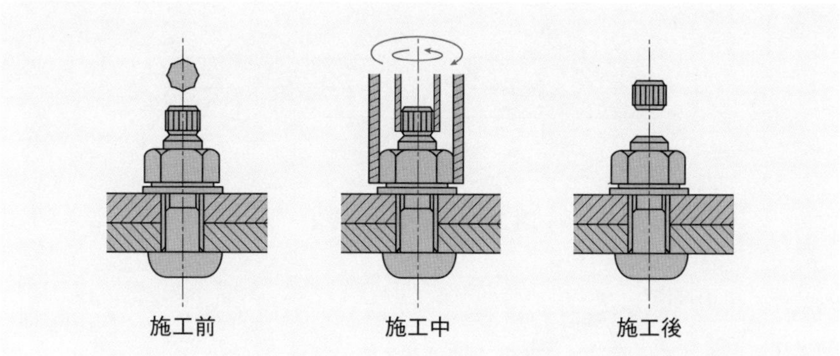

図 3.10　トルクシア形高力ボルト

が，そのため一様に錆の発生していることが大切である．またこの接合では一定の圧締力を確保することが重要であるが，そのための工夫として，所定の**トルク値**に達すると破断溝がねじり破断して，締付けトルクが一定となる**トルクシア形高力ボルト**がある（図 3.10）．

(3)　リベット接合

現在ほとんど用いられない．歴史的建造物の修復に使用される程度である．部材に孔を開け，赤熱した**リベット**を通し，リベットの頭を支え，反対から強打して所定のリベット頭を作り，固定する（図 3.11）．

3.3.2　冶金的接合（アーク溶接接合）

母材と電極の間にアークを発生させ，その熱で溶接棒の金属および母材を溶かし接合する（図 3.12）．接合部が一体となり剛性が高い，また断面欠損がない等の長所を有する．ただし溶接時に高温となるため，溶接部近くの母材は熱的影響を受ける．一般には硬くなる．鋼材は硬くなると強さが増す反面，延性が損なわれるので割れが発生しやすくなる．一方，冷間加工で作られた成形材では，材料が加工硬化しているため，熱影響により逆に軟化する．

溶接の出来，不出来は個人の技量によるところが大きい．そのため溶接部の品質管理が重要である．主として外観検査によるが，内部欠陥は超音波を利用した超音波探傷検査により調べられる．

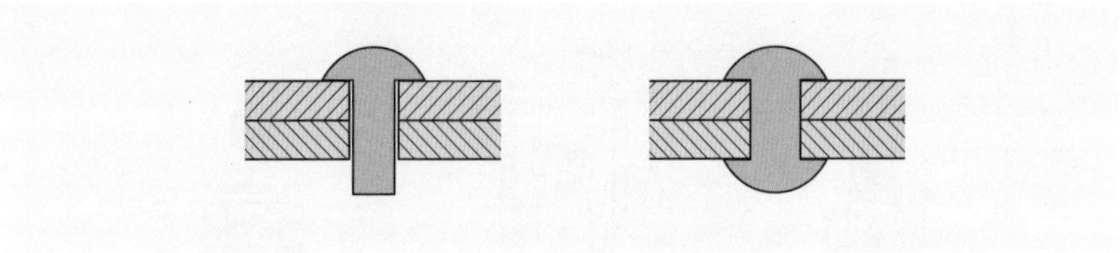

図 3.11　リベット接合

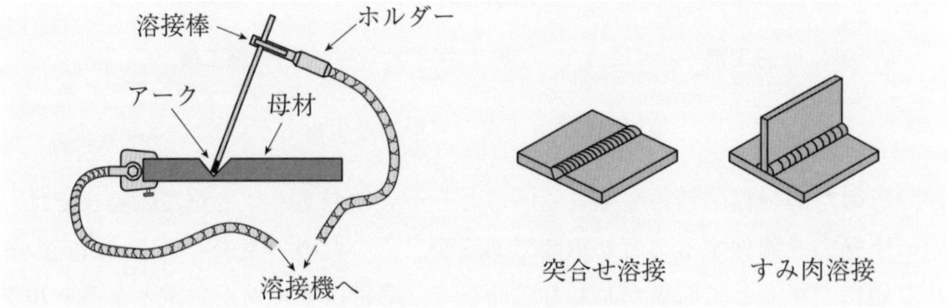

図 3.12　アーク溶接

本締めとマーキング

高力ボルトでは締付けが重要であり，写真 3.5 に示すように 1 次締めを行い，マーキングした後，本締めを行い，所定のボルト張力を導入する．本締めがなされたかどうかは，マーキングのずれによって確認する．

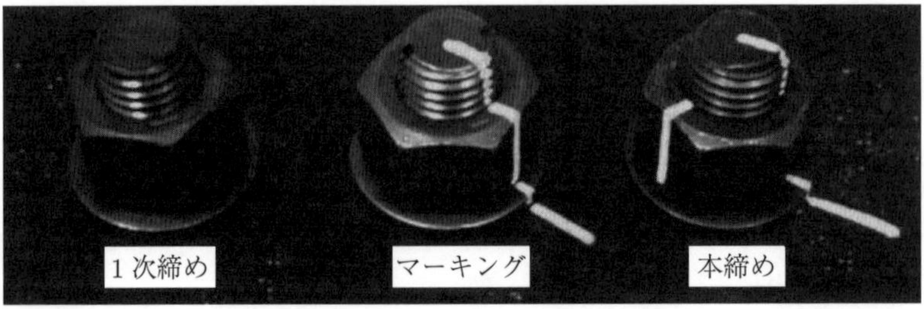

写真 3.5　高力ボルトの締付け工程

3.4　鋼材の製法

図 3.13 に鉄鋼製品の製造工程を示す．現在は鉄鋼一貫メーカーが製造する，鉄鉱石から作られる高炉材と，くず鉄をリサイクルして作られる電炉材（電炉鋼）の 2 系列がある．高炉材の製造工程は大きく**製銑工程**，**製鋼工程**，**圧延工程**からなる．**電炉材**は製銑工程がなく，製鋼工程から始まる．

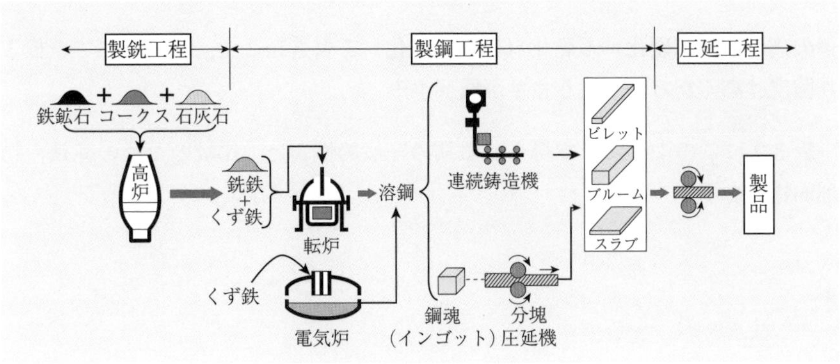

図 3.13　鉄鋼の製造プロセス

(1)　製銑

原料は鉄鉱石であるが，さらにコークス，石灰石を必要とする．コークスは還元の働きをさせるため，石灰石は鉄鉱石中の岩石やコークスの灰と結合し，スラグとさせるためである．これを溶鉱炉内で約 1500 °C に強熱して還元させ銑鉄を得る．

(2)　製鋼

銑鉄を転炉や電気炉で純酸素を吹き込み，鉄以外の成分を酸化・燃焼して除去し，溶鋼とし，鋳型に流し込んでの鋼塊，あるいは連続鋳造では鋼片とする．

(3)　圧延

鋼塊や鋼片をロールに通して圧延し，いろいろな形の製品を作る．構造用鋼材の多くは 900～1200 °C の温度で加工される（熱間加工という）が，軽量形鋼は常温で加工される（冷間加工という）．この成形では内部にひずみが残るため，

表 3.2 純鉄および鋼の性質

種類	比重	融点 (°C)	比熱 (J/kg·K) (0〜100 °C)	熱伝導率 (W/m·K)	熱膨張係数 (1/°C) (20〜100 °C)
純鉄	7.87	1535	465	72	10.2×10^{-6}
鋼 (C：0.03〜1.7 %)	7.79〜7.87	1425〜1530	427〜452	36〜60	10.4×10^{-6} 〜11.5×10^{-6}

鋼の硬化（**加工硬化**）と脆化（**ひずみ脆化**）を引き起こす．結果として原板より強度は高くなるが，粘り強さが低下する．

表 3.2 にこのようにして得られる鋼の一般的性質と，比較のための純鉄の物理的性質を示す．

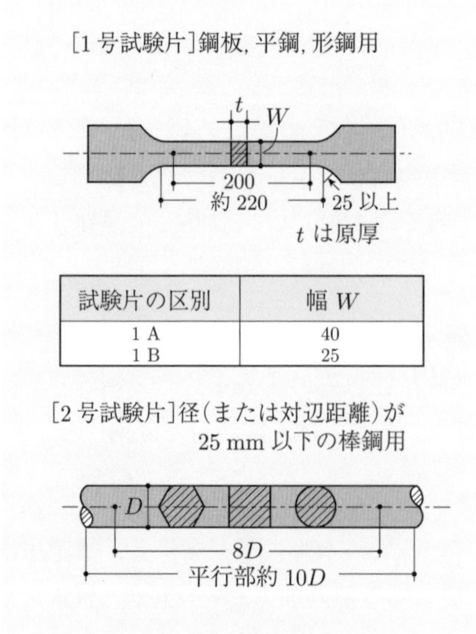

試験片の区別	幅 W
1 A	40
1 B	25

図 3.14 鋼板と棒鋼用の試験片の例

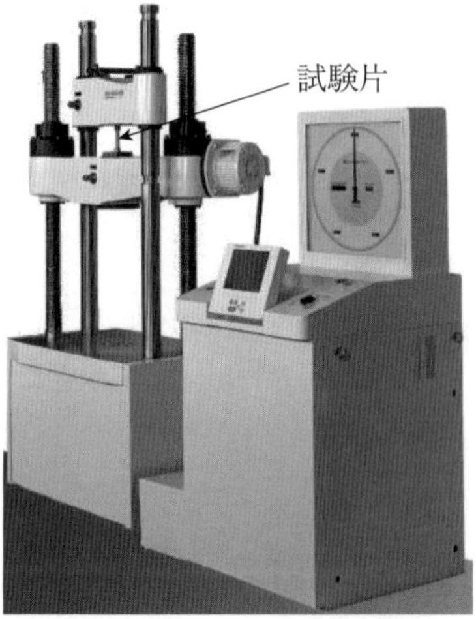

写真 3.6 アムスラー形万能試験機

3.5　鋼材に要求される性質と一般的知識

3.5.1　力学的性質

(1)　力学挙動

鋼材の力学的性質は**引張り試験**により調べられる．これには標準となる方法が規格化されている（JIS Z 2241）．試験片は図 3.14（126 ページ）に示すように対象とする鋼材の形状により定められているが，これを写真 3.6（126 ページ）に示すようにつかみ装置（チャック）を介して試験機に取り付け，均一の速度で荷重を加える．

鋼材を引っ張ると図 3.15 のような**応力–ひずみ曲線**が得られる．伸びは 20～30％もあるが，その挙動で重要なのは比較的ひずみの小さい領域であるので，その部分を誇張して示したものが図 3.16 である．応力が小さい領域では直線関係を示す．この限界を**比例限度**①という．この勾配を**ヤング係数**というが，これは鋼材の種類に関わらずほぼ一定（構造計算では 2.05×10^5 N/mm^2 を使う）で，それを超えると，除荷したとき応力とひずみが 0 に戻る最大限の範囲，**弾性限度**②に到達する．ここまでが**弾性域**である．

軟鋼では弾性限度を超えて外力を加えると**塑性域**に入る．そしてある点で応力は下がり始める．この点を**上降伏点**③という．この点からいったん応力は一定の応力を保ったままひずみが進行する．この領域は**降伏棚**（**塑性流れ域**）④と呼ばれる．このときの低位の応力を**下降伏点**という．鋼材の規格上の**降伏点**とは，一般に下降伏点を指し，**降伏点強さ**となる．塑性域では，外力を取り除い

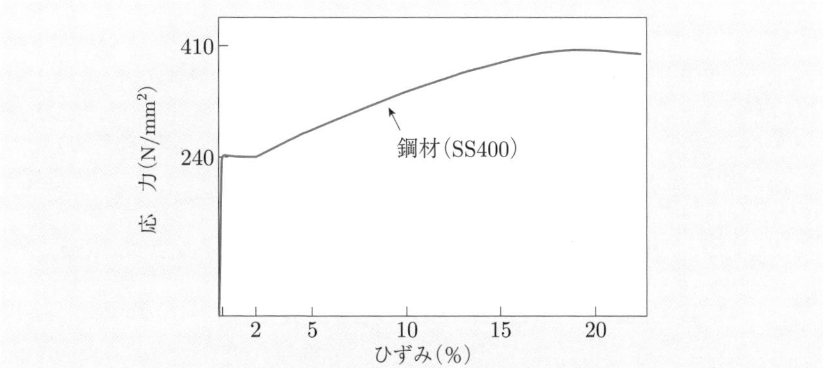

図 3.15　鋼材の応力–ひずみ曲線

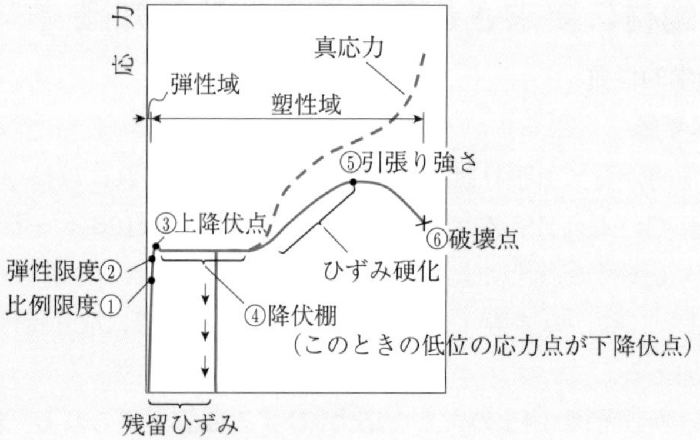

図 3.16　ひずみの小さい領域を誇張して示した応力–ひずみ曲線

てもひずみが残る．これが残留ひずみである．

降伏棚を過ぎても引っ張ると，応力が上昇しひずみが大きくなる．この領域をひずみ硬化域という．ついには応力が最大値⑤に到達する．これが鋼材の**引張り強さ**となる．降伏強さを引張り強さで除したものは降伏比と呼ばれる．さらに引っ張り続けると応力を低下させながらひずみは大きくなり続けるが，最後に破断する．この点が破断点⑥であり，このときのひずみが伸びとなる．

ここで説明した応力は，最初の断面積に基づいて計算されたものであるが，鋼材は引っ張られると細くなる．この実際の断面積に基づく応力は**真応力**と呼ばれ，破断まで増加し続ける．ここでは，引張りのときの挙動について述べたが，圧縮の場合も，座屈が生じなければ同様の性状を示す．

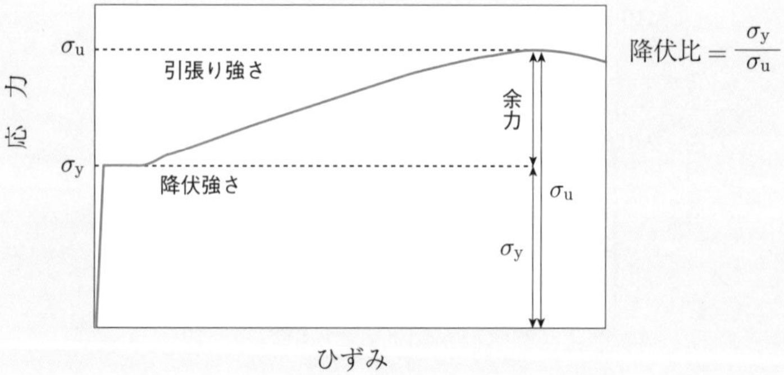

図 3.17　降伏比

(2)　降伏比

降伏強さを引張り強さで除したものを**降伏比**と呼ぶ（図 3.17）．構造設計に用いる許容応力度は降伏点を基準として算出されるが，降伏点を超えるような外力が作用した場合，完全に破壊するまでの余裕は，降伏比に左右される．一般に鋼材は高強度材になるほど降伏比が上昇し，余力が低下する傾向にある．

(3)　炭素量と力学的性質の変化

通常の製造では鉄に炭素が含まれるが，0.03〜1.7％の炭素量のものを鋼という．炭素の含有量がそれ以下のものを純鉄または単に鉄といい，それ以上のものを鋳鉄という．炭素の割合は力学的性質に最も大きな影響を及ぼす．そのため主として炭素によって性能調整したものを**炭素鋼**と呼ぶ．炭素含有量は鋼の硬さと関係が強く，炭素含有量が 0.12％以下は**極軟鋼**，0.12〜0.30％は**軟鋼**，0.30〜0.50％は**硬鋼**と分類される．構造用鋼材としては主に軟鋼が用いられる．

図 3.18 に含有炭素量と力学的特性との関係を示すが，炭素量の多いほど伸びは小さくなり脆くなる性質を示す．ただし引張り強さや降伏点強さは 0.85％近傍で最大となる．ただしヤング係数は炭素量の影響は受けず，2.0×10^5〜$2.2 \times 10^5\,\mathrm{N/mm^2}$ とほぼ一定である．

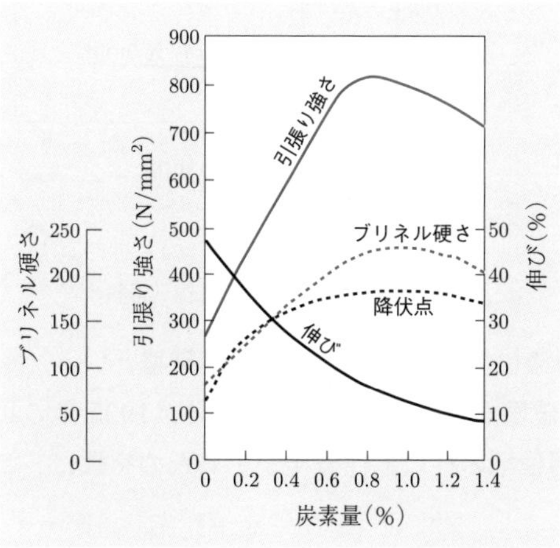

図 3.18　鋼の特性に及ぼす炭素量の影響 [5]

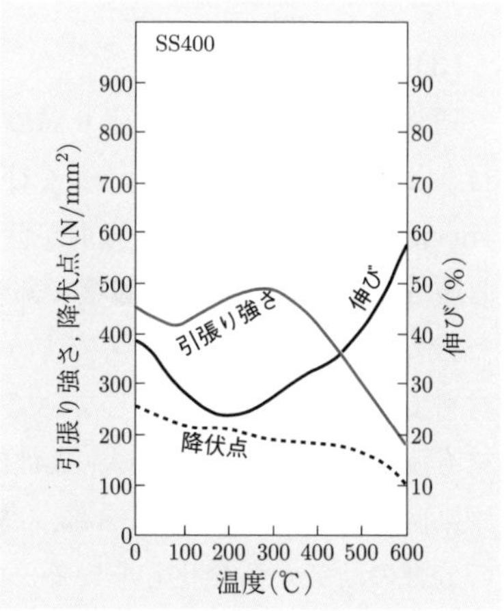

図 3.19　高温度における鋼の力学的性質の変化 [5], [30]

3.5.2　その他の一般的性質

(1)　耐火性

鋼材は高温なると，図 3.19 に示すように力学的性質が変化する．降伏点は温度の上昇に伴い低下する．強度は複雑な挙動を示し，200〜300 °C で最大となり，500 °C で 1/2 となり，1000 °C を超えると強度は期待できなくなる．建物としては自立しなくなる．そのため避難に必要な時間を確保すべく，一定の時間，鋼材表面温度が最高 450 °C，平均 350 °C 以下（鋼材の降伏強度が常温の約 2/3 以上を確保する温度）に保たれるよう，設計しなければならない．それには**耐火被覆**が必要となる．耐火被覆の工法には，成形板で覆う，乾式もしくは湿式で材料を吹き付ける等の方法がある．

(2)　高温クリープ

通常，ある応力に対するひずみは一定の値となるが，応力が一定でも時間とともにひずみが大きくなる現象が材料によっては見られる．これは**クリープ**と呼ばれるが，鋼材では図 3.20 に示すように高温でこの現象が現れる．

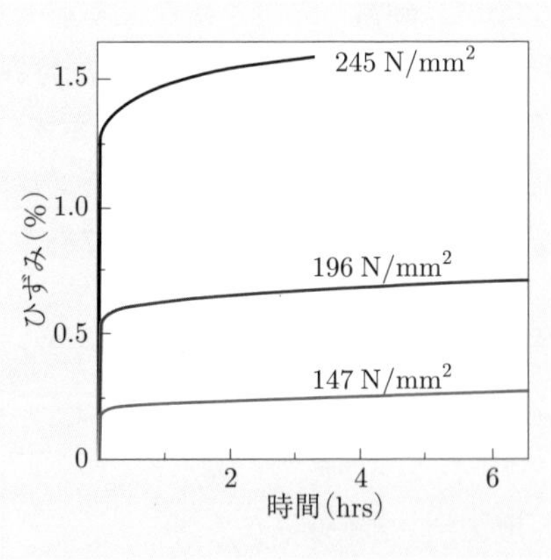

図 3.20　鋼の 400 °C のときの高温クリープ曲線の例 [31]

(3)　低温脆性破壊

通常の温度で鋼材の引張り試験を行うと，塑性ひずみが進行し，**くびれ**（necking）が生じた後，荷重が低下し破壊する．これが**延性破壊**である．一方ガラスやセラミックスのような材料では塑性ひずみが生じないで急激に破壊する．これを**脆性破壊**という．鋼材も温度が低下するに従い，延性的破壊から脆性的破壊に変わる．1995 年の兵庫県南部地震で，柱–梁接合部，高層住宅の柱に脆性破壊が生じたのを機に，この分野の研究が活発化している．

(4)　疲労

疲労とは，静的破壊応力より小さな応力でも繰り返し作用することにより，材料に亀裂が発生する，あるいは亀裂が進展して破断に至る現象をいう．住宅等

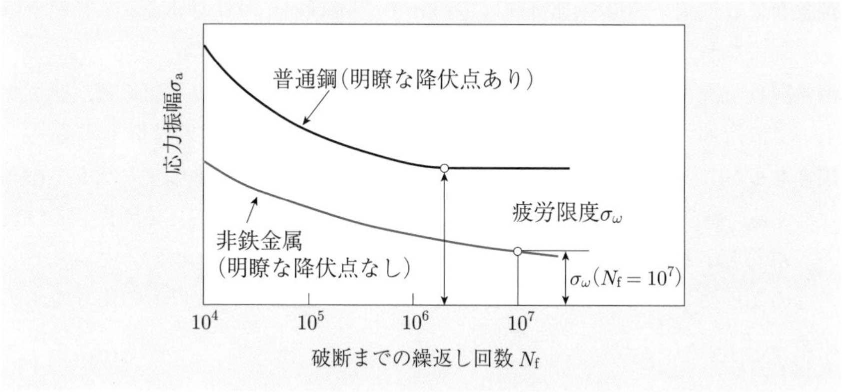

図 3.21　応力振幅と繰返し回数の関係

の普通の建築物では繰返し応力の振幅が小さいので，疲労が問題になることはまれであるが，クレーンや振動を発生させる機械類をもつ工場建築，橋梁等では考慮が必要である．

一般に疲労に関する性質は ***S–N*** **曲線**で表される．これは図 3.21 に示すように，縦軸に応力振幅，横軸に破断までの繰返し回数をとって図示される．明瞭な降伏点を持つ普通鋼材では応力振幅がある値以下になると，疲労現象が見られず S–N 曲線が水平となる．このときの応力振幅を**疲労限度**（fatigue limit）という．アルミニウムや溶接した鋼では，このような疲労限度が存在しないので，N_f が 10^7 のときの応力振幅を疲労限度としている．

3.5.3　鋼の性質の改善

鋼材の物性改善には，熱処理する，合金にするなどの方法があり，目的に応じた鋼が作られる．

(1)　熱処理

鋼は熱を加えると結晶構造が変わり，強度や剛性などの物理的性質が変わる．このような結晶構造の変化は変態と呼ばれるが，成分は同じでも組織が変わることにより鋼の性質が変わる．この原理を利用して鋼の性質を変えることを，**熱処理**という．熱処理には以下の方法がある．

焼き入れ　加熱した鋼を水，油の中で急冷する．伸びが減少して脆くなるが，硬さ，耐摩耗性が向上する．

焼きなまし　鋼を 800～1000 °C に熱し，炉内でゆっくり冷却する．結晶粒が微細になり，均質となる．強度は低下するが，軟らかくなる．

焼き戻し　焼き入れした鋼を，やや低い温度 200～600 °C で再加熱し，空気中で徐冷却する．内部ひずみや脆さは取り除かれるが，強度は低下する．

焼きならし　変態点より 30～50 °C 高い温度で一定時間加熱し，大気中で冷却する．結晶組織，機械的性質，物理的性質を均一に整えて，強靭性等の性質が向上する．

このようにして建築の部材用に性質の変えられた鋼材には以下のようなものがある．

(a)　高張力鋼

わずかの合金元素（マンガン，シリコン，ニッケル，モリブデン等）で成分調整した鋼材を，焼き入れ，焼き戻しの熱処理を行い，引張り強さを高めたもの．普通 490 N/mm^2 以上のものを**高張力鋼**と呼ぶ（それ以下は軟鋼）．応力–ひずみ曲線は図 3.22 に示すように降伏棚をもたず，比例限界から次第に直線を離れ最大応力に達した後，破断する．

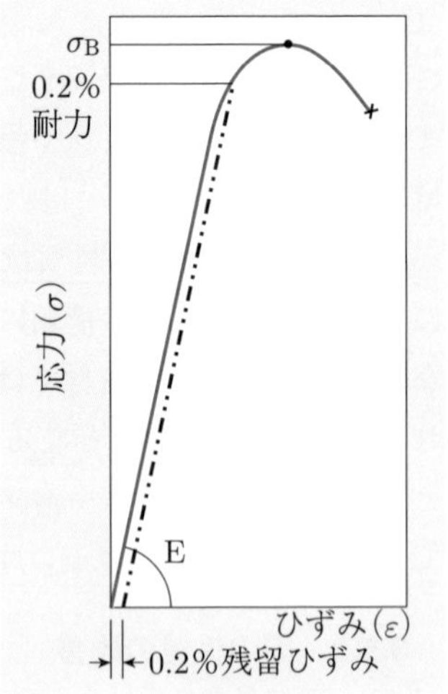

図 3.22　高張力鋼の応力–ひずみ曲線

(b)　低降伏比高張力鋼

高い強度の鋼材では降伏比も上昇し，降伏後の余耐力が少なくなる．これを改善するために特殊な熱処理を行って，降伏比を 80 %以下に抑え，それでありながら 600～800 N/mm^2 の引張り強さをもつ高張力鋼のことである．

(c)　ピアノ線

許容応力が高く疲労にも強い鋼線材のこと．炭素量 0.6～0.95 %高炭素線材を特殊な焼き入れを行って作られる．強い張力のかけられるピアノの弦に用いたのでこの名がある．建築では高張力が求められるプレストレストコンクリートの PC 鋼線として使用される．

(d)　TMCP 鋼（Thermo–Mechanical Control Processing Steel）

建物の大型化，高層化に伴い，部材厚さが厚くしかも高強度が求められるが，その結果，溶接性が低下，また降伏比が上昇する．これを改善するため，熱処理と圧延を組み合わせて，結晶組織を調整し，降伏比を 80％以下に抑え高じん性とし，また溶接性を良くした鋼材である．

(2)　合金

炭素鋼に他の元素を加えることにより，炭素鋼では得ることのできない，優れた機械的性質，化学的性質を付与することができる．**合金鋼**または**特殊鋼**と呼ばれる．

(a)　ステンレス鋼（SUS）

鋼材の欠点は錆びることである．**ステンレス鋼**は錆びにくいため，メンテナンスフリーや長寿命あるいは意匠性の求められるところに使用されることが多い．構造用として多く使われるのは，18％の**クロム**（Cr）と 8％の**ニッケル**（Ni）を含むオーステナイト系ステンレス鋼 SUS304 である．表 3.3 に材料の性質を示す．普通鋼材に比べてヤング率がやや低い．ただ線膨張係数はやや大きい．**耐腐食性**には優れるが，塩素イオン Cl^- によって不働態が破壊され，局所的な腐食が生じることがある．

表 3.3　ステンレス鋼の材料定数（SUS304）

弾性定数			常温における線膨張係数 (1/°C)	基本質量 (kg/mm·m²)
ヤング係数 (N/mm²)	剪断弾性係数 (N/mm²)	ポアソン比		
193000	74000	0.3	1.7×10^{-5}	7.93

(b)　耐火鋼

高温強度を改善するために**モリブデン**（Mo）0.5％程度を含有する低合金鋼である．600°C でも降伏点強さを 2/3 以上保持する（一般の鋼材では 350°C で 2/3 程度となる）．そのため耐火被覆を低減することができる，あるいは外部鉄骨のような火災時の熱負荷が小さいところでは被覆なしでの使用が可能となる．

3.6　鋼構造の耐久性

鋼材の耐久性上の欠点は腐食することである．これには次の 2 つの原因 (1), (2) がある．

(1)　大気腐食

鋼材は酸化膜で覆われているが，図 3.23 に示すようにミクロでみると酸化膜が破れ，鉄の露出しているところがある．ここに湿気や水分が存在すると電解液となり，金属電池を形成し鉄を溶かし出し，**赤錆**を作る．さらに海水があるとそれが触媒作用を持つこと，溶液の電気抵抗を減少させることによる電気化学反応速度の上昇により，腐食反応がさらに早くなる．これが海岸地域での鋼材の腐食が特に著しくなる原因である．

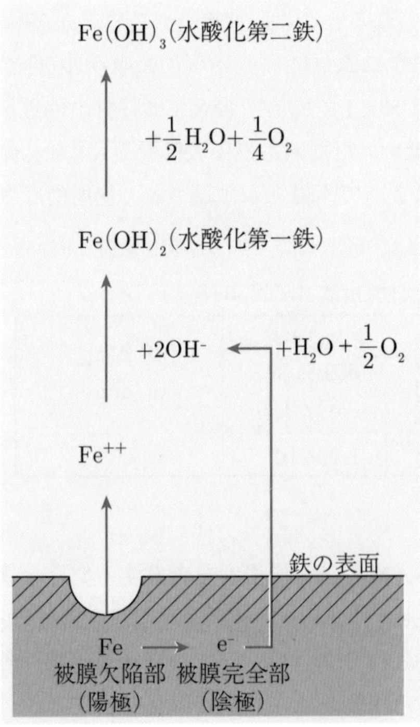

図 3.23　鋼材の錆発生の概念図

表 3.4　イオン化傾向

イオン化傾向	自然電極電位	金属	
		カリウム	K
		ナトリウム	Na
		マグネシウム	Mg
		アルミニウム	Al
		マンガン	Mn
大	低	亜鉛	Zn
		クロム	Cr
		鉄	Fe
		ニッケル	Ni
↕	↕	すず	Sn
		鉛	Pb
小	高	(水素	H)
		アンチモン	Sb
		銅	Cu
		水銀	Hg
		銀	Ag
		白金	Pt
		金	Au

(2)　異種金属との接触

異種金属を接触すると一般に表 3.4 に示す**イオン化傾向**の大きいものが腐食する．例えば鉄釘でアルミニウム板を固定すると，アルミニウム板が腐食するし，銅板を固定すると鉄釘が腐食する．

(3)　腐食防止の考え方

まず基本は水に接触させないことである．そのために塗料やめっきで鋼材表面に**保護膜**を作る，モルタルやコンクリートで保護する方法も有効である．特に異種金属との接触は避けなければならない．

鋼材の性質

鋼は炭素の含有量によって図 3.24 に示すように組織が変わる．炭素が 0.85 % を境に，それより小さい領域ではフェライトとパーライトの混合物であり亜共析鋼と呼ばれる．0.85 %のときはパーライトのみであり，共析鋼と呼ばれ，それより大きい領域ではパーライトとセメンタイトとの混合物となり，過共析鋼と呼ばれる．組織ごとに特性が異なる．含有炭素量が異なれば，引張り強度，弾性限度，伸び等が変わるのはこのためである．

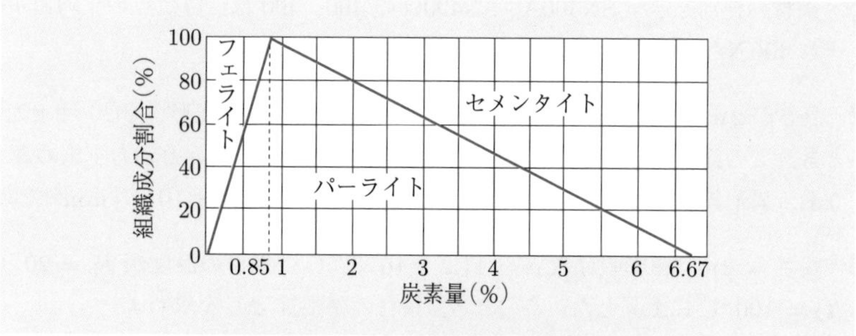

図 3.24　鋼の標準組織の成分割合

3 章の問題

□**1**　次の各記述が正しければ○，誤りならば×を付けよ．

① 鋼にニッケルやクロムを加えると耐食性が増大する．

② 鋼の炭素量が増すと，引張り強さは減少する．

③ 鋼材に繰返し荷重が作用すると，その大きさが強度以下の範囲であっても破壊することがある．

④ 鋼を 800〜1000 °C 程度まで加熱した後，一定時間保持し，大気中で放冷する熱処理を，焼きなましという．

⑤ 鋼構造は，火災時の避難に必要な時間を確保するため，一定の時間，鋼材表面温度が平均 500 °C 以下に保つように設計しなければならない．

⑥ 鋼は炭素量が 0.85 %程度で引張り強さが最大となるが，一般の建築構造用鋼材の炭素量は 0.2 %程度である．

⑦ 鋼材が腐食してできる赤錆とは，水酸化第一鉄のことである．

⑧ 鋼材の弾性係数はコンクリートの約 10 倍であるが，熱膨張係数は同程度である．

⑨ 異種金属が水分のあるところで接触すると，イオン化傾向の小さいほうが侵される．

⑩ 鋼中の炭素量を増大させると，じん性が増大する．

⑪ 普通鋼の比重は，約 12.5 であり，普通コンクリートの比重は，約 2.3 である．

⑫ 18–8 ステンレス鋼には，約 18 %のニッケルと約 8 %のクロムが含まれている．

⑬ 鋼構造建築物の耐震安全性を確保するためには，降伏比の大きな鋼材を用いるのが望ましい．

⑭ 軽量形鋼は，薄鋼板または鋼帯より熱間圧延成型して作られる 2 次加工製品である．

⑮ 鋼材の種別を示す SN400A，SN490C の 400，490 は，降伏点の平均値がそれぞれ 400 N/mm^2，490 N/mm^2 であることを表している．

□**2**　長さが 2 m の鉄筋鋼棒（異形鉄筋，SD390）を 2.0 mm 変形（伸び）させた．このとき，この鉄筋は降伏しているか．また，このときのひずみと応力を求めよ．

なお，異形鉄筋のヤング係数（弾性係数）は，$E_s = 2.05 \times 10^5$ N/mm^2 である．

□**3**　長さ = 2 m，線膨張係数 $\alpha = 11.2 \times 10^{-6}$/°C の鋼材の温度が $T_1 = 20$ °C から $T_2 = 100$ °C に上昇した．このとき，鋼材の膨張量 ΔL を求めよ．

第4章

組積造に用いる材料

石造，れんが造を中心とした組積式構法建築物は，我が国では明治維新以後，西洋文化の移入に伴い普及したが，地震国であるため定着せず，最近では施工例はほとんど見られなくなっている．しかし世界に目を転じると，組積造建築物は様々な地域に多数存在しており，主要な建築構法の１つに位置付けることができる．本章ではまず代表的な組積造建築物である石造，れんが造を対象に，個々の材料の性質や積み方について説明する．また，その後の我が国では，耐震性を確保した組積構法に関する技術開発がなされ，補強コンクリートブロック造などの独自の構造形式が発達した．本章では，これら材料と技術についても解説している．

4.1　組積造の原理および概要

4.1.1　組積式構法の発達

台地にどっしりと構えるエジプトのピラミッド，丘の上にそびえ立つギリシャのパルテノン神殿，美しいアーチが連続する古代ローマ時代のコロセウムや水道橋，大空に突き刺さるような尖頭をもつゴシック様式の教会，これらはいずれもモノを積み上げて造った組積造の建築物である．

モノを積み上げる行為は，構造物を高さ方向に展開させる最も単純な方法である．我が国ではあまり見かけられないが，世界的にはその土地の気候，風土，文化に応じて発達してきた多種多様な組積造建築物が数多く存在する．**組積式構法**は，世界の主要な建築構法の１つに位置付けられている．

組積造建築物は，ヨーロッパ，アフリカの地中海沿岸，中近東，南アジア，東南アジアの一部および中南米などで多く見られる．これらは，いずれも比較的乾燥した地域である．組積式構法は，一体式構法と同様，主に乾燥した地域で発達してきた．中でも，草木も生えない非常に乾燥した地域では一体式構法が発達したのに対し，ある程度の草木が生息している地域で，組積式構法は発達してきた．そして，これら草木の存在が，組積式構法の発達に大きく影響することとなる．

モノを積み上げる方法で，最も簡単にできるのが，壁であり，太い柱である．これらは，いずれも空間を縦方向に分割する部位，部材である．熱風の通り道を遮断し，視線を遮断し，人間や物品あるいは外敵の動線を遮断する働きをするものである．乾燥した地域では，外部に対して安全で快適な内部空間を創造するために，空間を遮断する必要があった．組積式構法は，この要求に合致した構法といえる．

4.1.2　力 学 原 理

図4.1に組積造の力学原理を示す．図に示すようにブロックを**破れ目地**状に積み上げることにより，１つのブロックに作用する鉛直荷重は各ブロックに分散して地盤まで伝達されるため，全体として優れた構造安定性を得ることができる．ピラミッドは，最も安定した形状の組積造建築物といえる．このように，鉛直荷重に対しては非常に合理的な組積式構法であるが，水平方向の荷重に対しては大変脆いのが弱点である．おもちゃのだるま落としを思い浮かべれば，容

写真 4.1
ピラミット［エジプト］
(Lars Larsson, 2009 (CC BY 2.0))

写真 4.2
パルテノン神殿［ギリシャ］

写真 4.3
ポン・デュ・ガール橋［フランス］

写真 4.4
ノートルダム大聖堂［フランス］
(写真提供：麓和善 氏 (名古屋工業大学名誉教授))

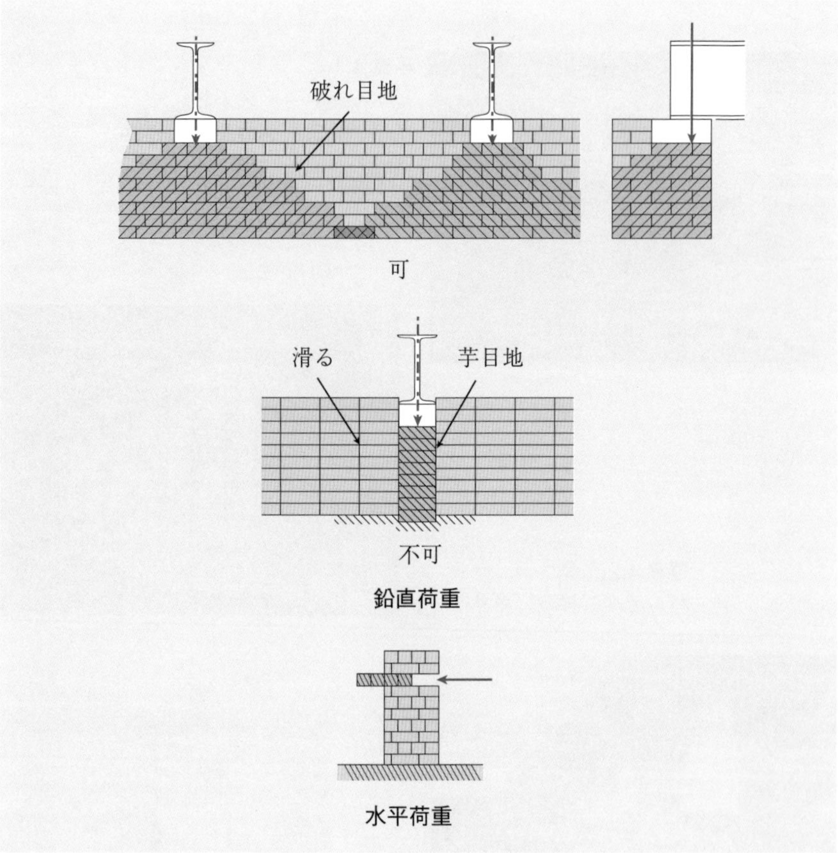

図 4.1　組積造の力学原理 [3]

易に想像つくであろう．我が国で組積式構法が普及しなかった第一の理由として，地震時の水平荷重に対する弱さが挙げられる．

4.1.3　組積造の概要

図 4.2 に，組積造建築物の代表例として，**石造**および**れんが造**建築物の概要を示す．図は，いずれも壁体の概要を示したものであり，鉄筋コンクリート造の基礎の上に，破れ目地になるよう石材あるいはれんがを積み上げている．石材あるいはれんがはモルタルなどで接着し積み上げるが，石造ではさらに石材と石材の間に**だぼ**や**かすがい**を入れてずれを防止する．図に示した例では，開

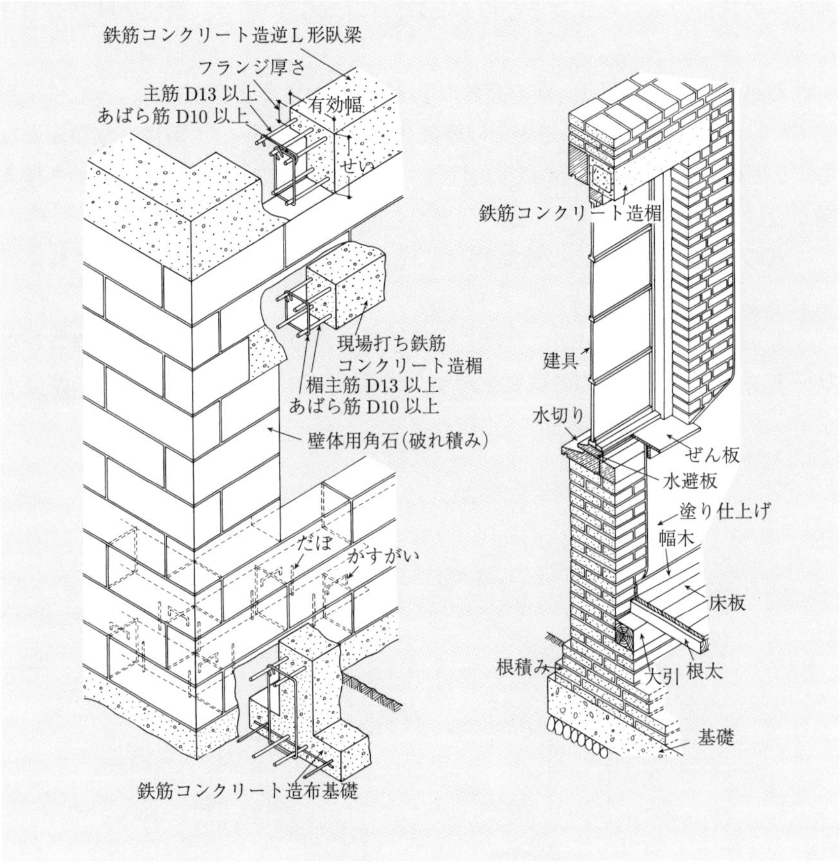

図 4.2　石造，れんが造の概要 [3]

口部上部に鉄筋コンクート造の楣（まぐさ）が用いられているが，アーチを構成する方法もある（4.3 節参照）.

また，石造でもれんが造でも，各階の壁頂部には**臥梁**（がりょう）を設ける．石造の図では，1 階の壁頂部に鉄筋コンクリート造の逆 L 形臥梁が設けられており，石材の頭をつないでいる．逆 L 形の臥梁は，床を木材などで造る場合に用いられるもので，床組を支持するとともに，壁体の面外方向の荷重への抵抗力を高める働きも兼ねている．床を鉄筋コンクリート造とする場合は，逆 L 形の臥梁を水平方向に延ばしスラブとする．この場合，臥梁のみの場合より水平荷重への抵抗力はさらに高くなる．なお，れんが造の場合，鋼製の臥梁を設ける場合もある．

れんが造の壁の厚さは，壁の高さの1/15以上とする必要があり，一般に平屋建ての場合1枚半積み，2階建ての場合2階は1枚半積み，1階は2枚積みとなる．また壁には，長さ10 m以下の間隔で，厚くなっている部分，すなわち**控え壁**を設ける必要がある．

これら石造，れんが造の建築物は，現在我が国ではほとんど建造されていない．

一方，図4.3に，我が国における組積造建築物の代表例として，**補強コンクリートブロック造**建築物の概要を示す．図では，鉄筋コンクリート造の基礎上

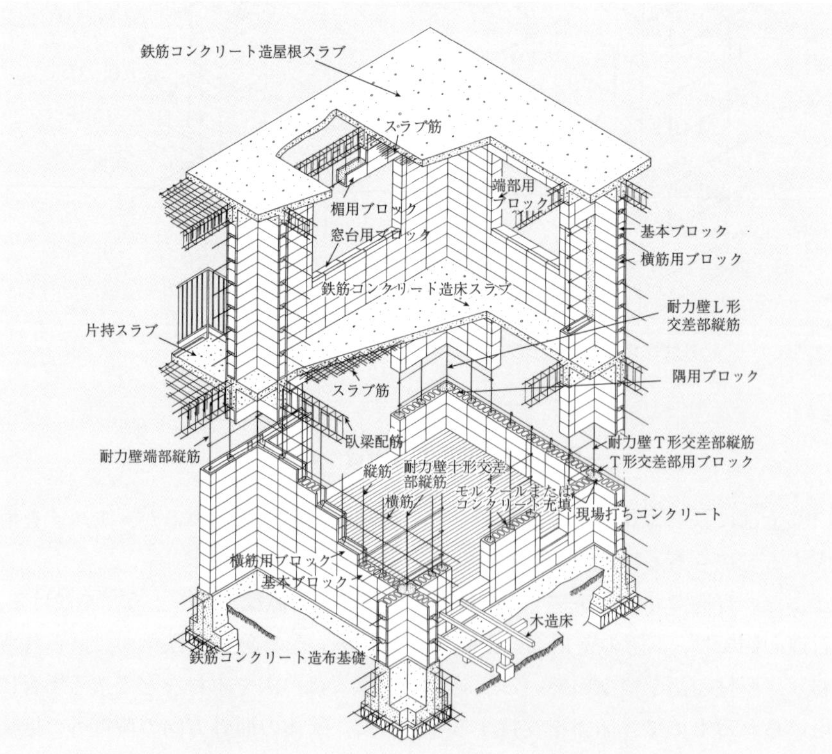

図4.3　補強コンクリートブロック造の概要[3]

にブロックが積み上げられており，1 階および 2 階の壁体頂部には，臥梁を兼ねた鉄筋コンクリートスラブが設けられ，水平荷重に対する抵抗力を高めている．補強コンクリートブロック造では，耐震性を確保するために，ブロックはあえて**芋目地**に積み，貫通する縦目地や横目地の部分に補強用の鉄筋を入れ，さらに場所打ちモルタルやコンクリートを充填することにより，水平荷重に対する抵抗力を確保している．特に縦筋は，基礎から臥梁，あるいは臥梁から臥梁へ，完全に連結させる．この他，補強コンクリートブロック造では，階数や壁の厚さ，長さ，高さ，形状，臥梁またはスラブの設置，控え壁の設置，壁交差部や開口部周囲の補強などに関する細かい規程が定められている．

我が国におけるれんが造建築物の栄枯盛衰

「火事と喧嘩は江戸の華」などというように，ほとんどの建築物が木造であった我が国の都市では，古くから火災による被害が絶えず，「燃えない建築物」は永年の夢であった．そこへ，明治維新後，西洋より燃えない建築材料であるれんがが伝来し，以来れんが造建築物が爆発的に建造された．東京銀座の目抜き通りには，両側にれんが造の建築物が建ち並び，「銀座れんが街」などと呼ばれた．また，当時最大の歓楽街であった浅草には，12 階建ての廊塔「凌雲閣（りょううんかく；浅草十二階）」が建てられ，観光名所として賑わった．しかし，これらの建築物の多くは，大正 12 年の関東大震災でことごとく崩壊し，人々は組積造建築物の地震に対する弱さを思い知らされることとなった．

写真 4.5 に，崩壊前後の凌雲閣を示す．これ以降，我が国では，れんがのみで構造体を造る建築物はほとんど建造されなくなった．

震災前　震災後

写真 4.5　凌雲閣(浅草十二階)，右は関東大震災(大正 12 年 9 月)で折れた凌雲閣

4.2 材料の種類

組積造建築物に用いられる代表的な材料は，**石材**である．石材は，また，最も耐久性が高い材料の 1 つでもある．ピラミッドは石灰岩と花崗岩，パルテノン神殿は石灰岩と大理石，ローマの水道橋は石灰岩を積み上げたものである．コロセウムの外壁も，石灰岩や大理石でできている．木造建築物に慣れ親しんだ我々はコンクリートを非常に耐久性の高い材料と認識しているが，ヨーロッパ人の認識では，コンクリートはあくまでも仮の材料であり，石材こそが永遠を指向した建築材料なのだそうである．

しかし，固くて重い石材を採取し，運搬し，加工し，積み上げるのは並の労力ではできない．当然のことながら，石材で造られる建築物は，特別なものに限られてしまう．どのような地域，社会でも，一般庶民の住宅などは，最も身近にあり，かつ大量に入手できる材料で造られるのが常である．石材の代わりに，人々は，れんがを積んだ．

れんがは，現在でも最も多く使われている建築材料の 1 つだが，その歴史は非常に古い．単に水を混ぜて練った泥を丸めて固めた泥まんじゅうに始まり，型枠を利用して規格に整形し天日で干した**日干しれんが**から，粘土を整形し炉で焼いて硬化させた**焼成れんが**に発達したと考えられているが，紀元前 3000〜2000 年のものと推定される炉の遺跡も発見されているとのことである．れんがは，身の回りに大量にある土から作られる，まさに「人工の石材」といえるが，その製造には，炉で焼成する際の燃料が必要となる．ある程度の草木が生息している地域で組積式構法が発達してきた理由の 1 つは，この点にある．

一方，乾燥しかつ樹木が大量に生息している北欧などでは，木材を積み上げて住宅などを造った．丸太を横にして積み上げた「ログハウス」である．また，この構法は比較的施工が容易なことから，アメリカの開拓地などでも多数造られた．我が国では，正倉院の**校倉造り**にこの構法を見ることができるが，組積式構法の宿命として開口部が取りにくいこと，木材使用量があまりにも多いこと，および火災に対して弱いことから，以降ほとんど普及しなかった．

この他に，身近な材料を積み上げて造る例として，雪塊や氷でできたエスキモーの家などを挙げることができる．

4.3 組積方法

組積式構法における最も大きな技術的ポイントは，開口部の設け方である．図 4.4 に，代表的な 3 種の方法（①〜③）を示す．

最も原始的な方法が，図 4.4①に示した通り，開口上部に開口部の幅より大きなブロックを用いる方法である．このブロックのことを**楣**（まぐさ）と呼ぶため，「楣式」といわれている．パルテノン神殿は，列柱の隣り合う柱頭から柱頭

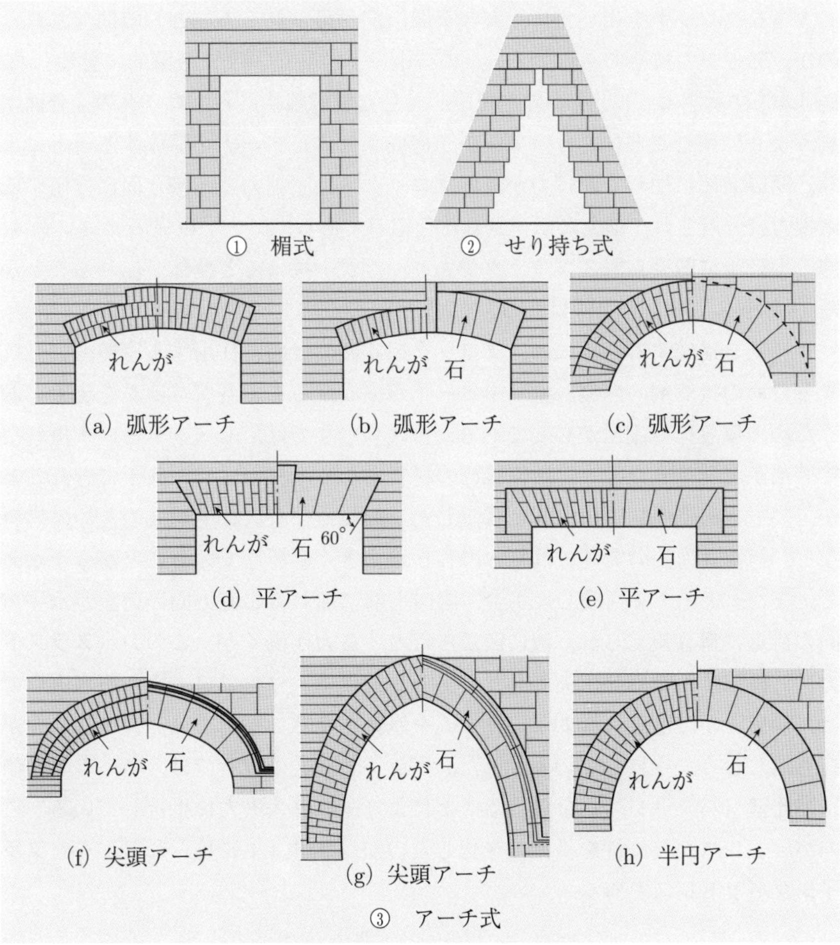

図 4.4 組積造における開口部の設け方 [3]

に石を架け渡し，その上に屋根を載せており，楣式に分類できる．楣には，スパンが長くなるほど大きな曲げ力が加わるため，長くて太くて強いブロック，すなわち巨石が必要となる．開口部を設けるためには，より多くの労力を費やして，巨石を採取し，運搬し，積み上げなければならなかった．

図 4.4②に示したのは，**せり持ち**式といわれ，南アジア，東南アジアや中南米などで見られる方法である．この方法では，必ずしも大きなブロックを必要とはしないが，大きな開口部を得るのは構造上困難である．

大きなブロックを用いずに，大きな開口部が得られる方法として開発されたのが，**アーチ**の技術である．アーチの技術は，古代ローマで飛躍的に発達した．図 4.4③に示すように，1 つの点を中心とした放射線状に各ブロックの接合面が揃うように積むことにより，アーチが構成される．アーチを構成することにより，開口上部に加わる曲げ力が，各ブロックへの圧縮力と，接合面に作用する摩擦力に分解され，地盤に伝達される仕組みである．アーチ中央のブロックは，施工上最後に載せられるブロックであり，万が一抜けると全体が崩れることから，「キーストーン」と呼ばれる．

アーチを構成するためには，ブロック相互の接合面に作用する摩擦力に抵抗するための接着剤の開発，施工中アーチが完成するまで各ブロックを支えておくための仮設枠の設置が必要である．古代ローマでは，セメントという優れた接着剤が開発されたことと，仮設枠の材料となる木材が容易に入手できたことが，アーチ構造の発達に大きく貢献した．仮設枠やセメント焼成のための燃料など，組積式構法の発達には草木の存在が大きく影響していることがうかがえる．また，アーチを構成した場合，開口上部に加わる鉛直方向の荷重が水平方向の荷重に置き換えられ，横に広がろうとする力が働くが，この力（**スラスト力**）に抵抗するための工夫も必要である．古代ローマのコロセウムや水道橋では，写真 4.3 に見られるようにアーチを連続させることにより，スラスト力が打ち消し合うようにしている．また，ゴシック様式の教会では，アーチの両側に**控え壁**（バットレス）を設けることにより，スラスト力に抵抗している．このバットレスが装飾性を備えて進化したのが，写真 4.4 に見られるような**フライングバットレス**である．

なお，図 4.5 に示すように，アーチが並進方向に展開したものを**ボールト**，回転方向に展開したものを**ドーム**と呼ぶ．前者はキリスト教建築，後者はイスラム教建築に多く見られる．あたかも軸組式構法の柱，梁のごとくリブを交差させて造る**交差リブボールト**は，「尖頭アーチ」，「フライングバットレス」とともに，ゴシック様式の 3 要素といわれている．

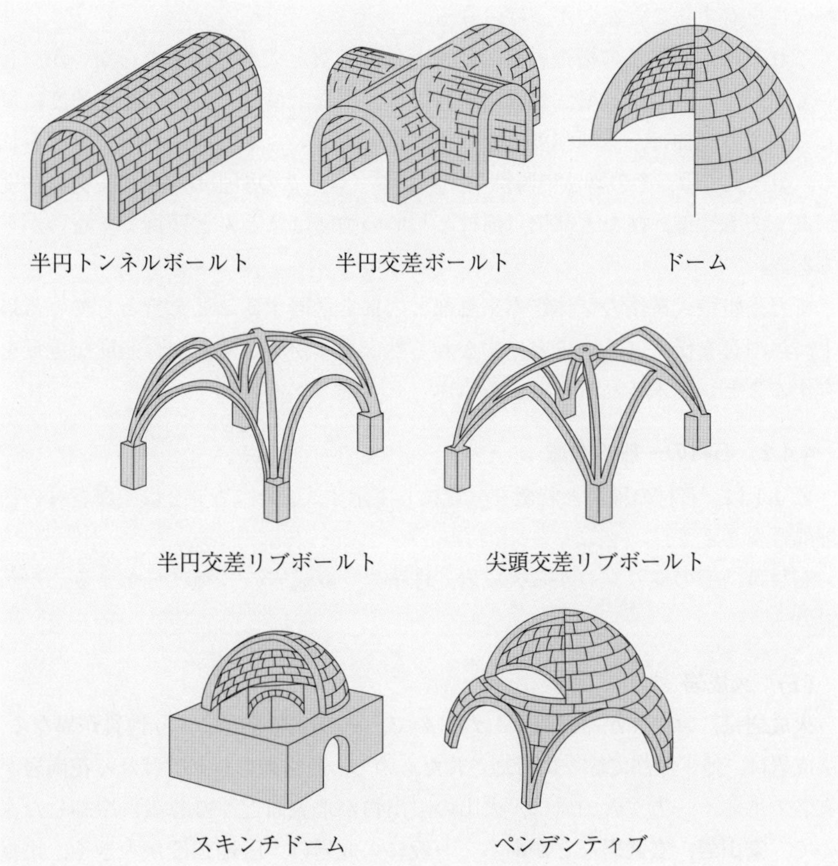

図 4.5 ボールトとドーム [2]

4.4 材料に要求される性質と一般的知識

4.4.1 材料に要求される性質

組積造建築物の材料，すなわち積み上げるモノに要求される性質として，一般に，強度，特に圧縮強度が大きいこと，剛性が高く変形しにくいこと，温度変化や吸水，乾燥などによる膨張，収縮が小さいこと，クリープしにくいこと，耐火性を有することなどが挙げられる．

これらは他の構法の構造材料に要求される性質と大きくは異ならないが，しいて述べると，組積式構法の構造材料では，楣などは別として，圧縮強度に対して引張りや曲げ，剪断強度はそれほど重要でない点が，違いとして挙げられる．組積式では，その構法の特性上，個々のブロックの引張りや曲げ，剪断強度が高くても，壁，柱など部位，部材としての強度はほとんど期待できないからである．

また，組積式構法の壁体が本来外部と内部を遮断することを旨としている以上，熱や音を伝えにくいこと，すなわち熱伝導率が小さく，かつ適度な重量を有することが要求されるといえる．

4.4.2 石材の一般的知識

表 4.1 に，石材の種類と特徴を一覧にして示す．また，表 4.2 に主な石材の物理的性質を示す．

石材は，その成り立ちから火成岩，堆積岩，変成岩の 3 種に分類することができる．

(1) 火成岩

火成岩は，マグマが冷却凝固したもので，その冷却速度により性質が異なる．深成岩は，地下深部で徐々に冷却されたもので，通称御影石と呼ばれる**花崗岩**が有名である．一方，火山岩は，火山の噴出物が地表面近くで急激に冷却したもので，**安山岩**，**玄武岩**などがある．一般に火成岩は，圧縮強度が大きく，比重が大きく，吸水率が小さい．また，特に花崗岩は，大材が得られやすい特徴があるが，石材としては耐火性が低く，約 200 °C で亀裂が生じ約 500 °C で崩壊する．これは，冷却速度が小さいため，結晶が大きいことに起因する．すなわち，石材は熱膨張率の異なる数種の鉱物で構成されているが，温度変化により

表 4.1　石材の種類と特徴（嶋津他著「建築材料」（森北出版）より改変）

種類			特徴など	石材名(県)
火成岩	深成岩	花崗岩	主鉱物：石英，長石，雲母 御影石と呼ばれる．硬く光沢があり，耐久性がある． 石材としては耐火性が低い．	稲田石(茨城) 北木石(岡山)
		閃緑岩	花崗岩より暗色で，黒御影とも呼ばれる．	
		はんれい岩	主鉱物：斜長石，角閃石，雲母 閃緑岩よりさらに暗色．	
	火山岩	流紋岩	主鉱物：花崗岩と同じ	
		安山岩	主鉱物：斜長石，輝石，角閃石 流紋岩より暗色．	鉄平石(長野) 小松石(神奈川)
		玄武岩	安山岩よりさらに暗色． 多孔質なものは軽石．	
堆積岩		粘板岩	緻密で剥離性がある． 天然スレートと呼ばれ屋根葺き材にする．	玄昌石(宮城)
		砂岩	加工しやすい，吸水性大	和泉砂岩(大阪) 多胡石(群馬)
		凝灰岩	多孔質，耐火性大，加工しやすい	大谷石(栃木)
		石灰岩	主成分：$CaCO_3$ 耐火性がやや低い．	石灰石(山口)
変成岩		大理石	磨くと美しい色，模様，光沢を成す． 耐火性がやや低い． 酸に犯されやすく，屋外で使用すると風化する．	イタリア，ポルトガル，ギリシャ等からの輸入
		蛇紋岩	緑色	蛇紋石(埼玉)

表 4.2　主な石材の物理的性質

岩石	見かけ比重	吸水率(%)	強度(N/mm^2)			ヤング係数(kN/mm^2)	熱的性質		
			圧縮	曲げ	引張り		耐熱度(°C)	熱伝導率(W/m·K)	熱膨張率 10^{-6}/K
花崗岩	2.65	0.35	147	14	5.4	51	570	2.1	7.0
安山岩	2.50	2.5	98	8.3	4.4	—	1000	1.7	8.0
粘板岩	2.70	—	69	69	—	67	1000	—	—
砂岩(軟)	2.00	11.0	44	6.9	2.5	17	1000	0.8	8.0
凝灰岩(軟)	1.50	17.2	8.8	3.4	0.8	—	1000	0.8	8.0
石灰岩	2.70	0.5～5.0	49	—	—	30	600	2.1	5.0
大理石	2.70	0.30	118	11	5.4	76	600	2.3	7.0
軽石(軟)	0.78	—	2.9	—	—	6.9	—	0.9	—

一部の鉱物が膨張した際，結晶が大きい石材では，組織が緩みやすく強度の低下が大きくなる．火山岩は，結晶が小さいため耐火性は高いが，深成岩と比べて色が濃く，美しいものが少ないとされている．

(2) 堆積岩

堆積岩は，水成岩とも呼ばれ，主に雨水や河川の水などの働きで，地表の岩石が風化，浸食され砂や粘土となって堆積凝固したもの，あるいは火山灰や生物の遺骸などが堆積凝固したものである．砂が堆積凝固したものを**砂岩**，火山灰が堆積凝固したものを**凝灰岩**といい，凝灰岩では大谷石が有名である．これらは一般に，石材としては圧縮強度が小さく（特に凝灰岩は小さい），比重も小さく，吸水率は大きい．これに対し，より粒子が細かい粘土が堆積凝固したものを**粘板岩**といい，砂岩，凝灰岩と比較して石質は緻密で，圧縮強度，比重は大きく，吸水率は小さい．また，石材としては特に曲げ強度が大きい．さらに，薄い層状になっており，容易に薄板に剥がせることから，天然のスレートとして屋根葺き材などに用いられてきた．一方，**石灰岩**は，生物の遺骸などが堆積凝固したものである．圧縮強度は砂岩と同程度であり，石灰が主成分のため比重は大きく，吸水率は堆積岩としては小さい．これら堆積岩は，いずれも比較的軟らかく加工しやすい特徴を持っている．また，内部に空隙を有するため耐火性も高い．ただし，石灰が主成分の石灰岩は，600 °C 程度で崩壊する．

(3) 変成岩

変成岩は，堆積岩がマグマの貫入や造山作用により変質したもので，石灰岩がマグマの熱により変質してできた大理石，かんらん岩の変質によってできた**蛇紋岩**などがある．様々な色調，模様のものがあり，美しく，装飾性に富むものが多い．高級な石材として有名な**大理石**は，圧縮強度は大きく，吸水率は小さい．また，石灰を主成分としていることから，石灰岩と同様，比重は大きく，耐火性は低い（600 °C 程度で崩壊）．

4.4.3 れんがの一般的知識

れんがの主原料は粘土で，これに粘性を調整する目的で少量の砂を加えたものを用いている．れんがは，現在では，ワイヤーカット法と呼ばれる方法で成形されている．これは，粘土を型に通して角棒状に押し出し，所定の厚みごとにワイヤーでカットする方法で，積み上げ面が粗面となり，モルタルとの接着に適するようになる．なお，赤みがかったれんがの色は，粘土に含まれる Fe_2O_3 の量や，焼成時の炉の温度，酸素の量などにより微妙に変化する．一般に，焼成不十分なものは色調が淡いのに対し，焼成温度が高いと黒褐色の焼過ぎれんがとなる．

れんがは，焼成温度の違いなどにより，**建築用セラミックれんが**，**普通れんが**，**耐火れんが**の 3 種に分類できる．建築用セラミックれんがは，1000〜1350 °C で焼成されせっ器質になったもので，圧縮強さが大きく吸水率が小さいため，構造体や外装に用いられる．表 4.3 に，JIS A 5210 に規定された建築用セラミックれんがの圧縮強さおよび吸水率を示す．また，普通れんがは，900〜1000 °C で焼成されたもので，圧縮強さが小さく吸水率が大きいため，門や塀などに用いられる他，意匠用にも用いられる．表 4.4 に，JIS R 1250 に規定された普通れんがの圧縮強さおよび吸水率を示す．さらに，耐火れんがは，1600〜2000 °C で焼成されたもので，耐火性があり，ボイラ，暖炉，煙突など火に接する部分に用いられる．

表 4.3　建築用セラミックれんがの圧縮強さおよび吸水率[69]

圧縮強さによる区分	圧縮強さ（N/mm^2）	吸水率（%）
20	20 以上	—
30	30 以上	—
40	40 以上	14 以下
50	50 以上	12 以下
60	60 以上	10 以下

［注］　ユニットの圧縮強さは，当分の間，全断面積に対する圧縮強さで換算してもよい．
ユニットの全断面積に対する圧縮強さは，10 N/mm^2 以上とする．

表 4.4　普通れんがの圧縮強さおよび吸水率[70]

	2 種	3 種	4 種
吸水率（%）	15 以下	13 以下	10 以下
圧縮強さ（N/mm^2）	15.0 以上	20.0 以上	30.0 以上

個々のブロックの寸法は，組積造建築物の材料として非常に重要である．れんがの大きさは，片手にれんがを持ち，もう一方の手でこてを持ち，モルタル塗り付けおよび積み上げ作業ができることを基本としており，我が国では，図 4.6 に示すとおり，**目地共寸法**（目地幅を含む寸法，呼び寸法ともいう）で

$$\text{長さ} \times \text{厚さ} \times \text{高さ} = 225\ (\text{mm}) \times 112.5\ (\text{mm}) \times 75\ (\text{mm})$$

が基本となっている．すなわち，長手面は 225 (mm) × 75 (mm)，小口面は

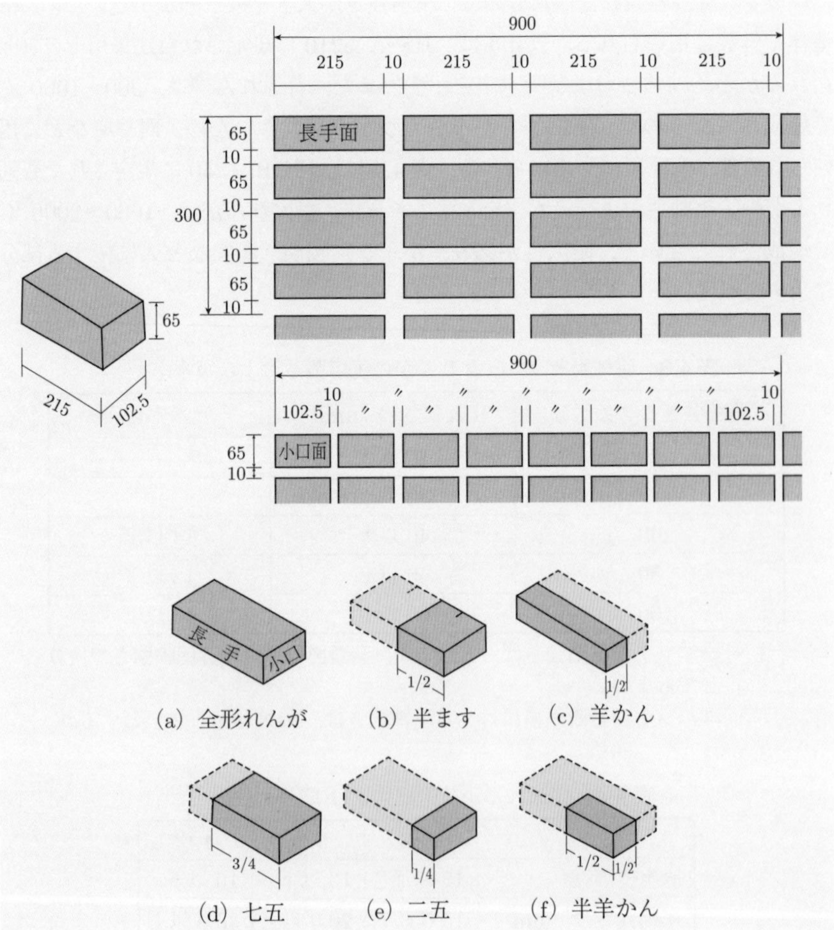

図 4.6　れんがの寸法[3]

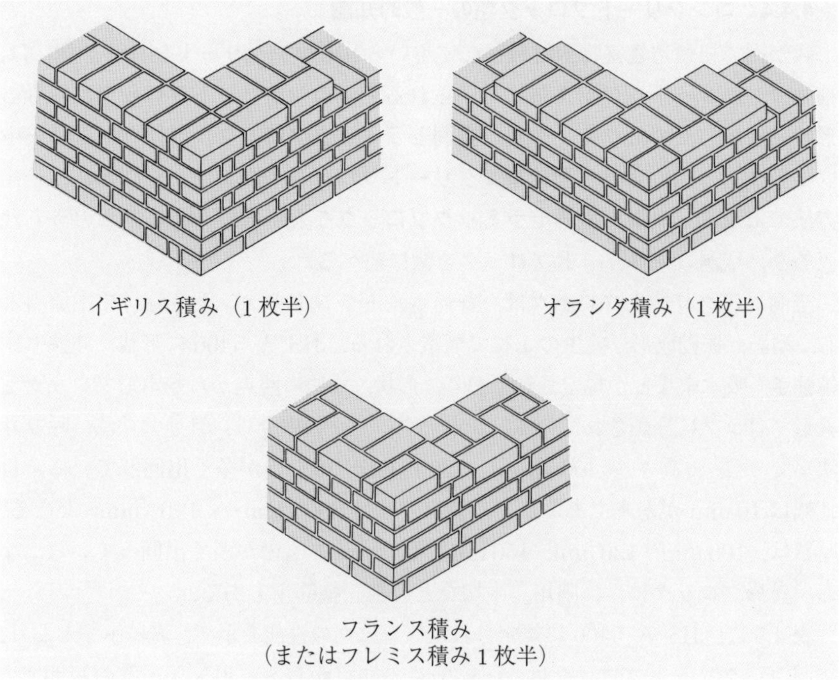

図 4.7　れんがの積み方 [3]

112.5 (mm) × 75 (mm) となる．225 mm は，伝統的な建築モジュールである 900 mm の 1/4 であり，112.5 はその 1/2 である．また，75 mm は，900 mm の 1/12 であり，225 mm の 1/3 である．ここで，目地幅は 10 mm が基本であるから，製品寸法は 215 (mm) × 102.5 (mm) × 65 (mm) となる．図 4.6 に，れんがの大きさ，形状の種類を示す．基本寸法を有する全形れんがを中心に，半ます，羊かん，半羊かん，二五，七五などがある．また，各種の穴あき（孔あき）れんがや，空洞れんがも開発されている．

れんがの積み方には，図 4.7 に示すとおり，**イギリス積み**，**フランス積み**などいくつかの種類があるが，いずれも 4.1.2 項で述べた力学原理に従って，縦目地が貫通しない破れ目地とするのが基本である．

4.4.4 コンクリートブロック類の一般的知識

我が国で組積造建築物の材料として用いられるコンクリートブロック類には，補強コンクリートブロック造に用いられる**空洞コンクリートブロック**，同様の形状，使用方法でセラミック製の**空洞セラミックブロック**，型枠コンクリートブロック造に用いられる**型枠コンクリートブロック**，および同様の形状，使用方法でセラミック製の**型枠セラミックブロック**などが挙げられる．このうち代表的な，空洞コンクリートブロックを例に述べる．

空洞コンクリートブロックは，普通ポルトランドセメント，骨材を主原料とし，型詰，振動成形，養生の工程で製造される．JIS A 5406 に形状，寸法や圧縮強さ，吸水率などが規定されており，形状，寸法の観点から基本形ブロックと異形ブロックに分類されている．基本形ブロックの中では，目地共寸法（呼び寸法）で 長さ $\times$ 高さ $=$ 400 (mm) $\times$ 200 (mm) のものが多く出回っている．目地幅は 10 mm が基本であるから，製品寸法は 390 (mm) $\times$ 190 (mm) となる．厚さは，100 mm，120 mm，150 mm，190 mm のものが多く出回っている．なお，異形ブロックには，隅用，半切などの他，横筋用もある．

表 4.5 に，JIS A 5406 に規定されたブロックの性能を示す．表に示すとおり，空洞コンクリートブロックは，圧縮強さの観点から 8〜30 N/mm^2 の範囲で 6 段階に分類されており，圧縮強さに応じて密度や吸水率も規定されている．また，透水性の観点から，普通ブロックと防水性ブロックに分類されている．

表 4.5 空洞コンクリートブロックの性能 [71]

<table>
<tr><th>断面形状による区分</th><th>圧縮強さによる区分の記号</th><th>圧縮強さ (N/mm^2)</th><th>全断面積に対する圧縮強さ (N/mm^2)</th><th>気乾かさ密度</th><th>吸水率 (%)</th><th>透水性 ($m\ell/m^2\cdot h$)</th></tr>
<tr><td rowspan="6">空洞ブロック</td><td>08</td><td>—</td><td>4 以上</td><td>1.7 未満</td><td rowspan="2">—</td><td rowspan="2">—</td></tr>
<tr><td>12</td><td>—</td><td>6 以上</td><td>1.9 未満</td></tr>
<tr><td>16</td><td>—</td><td>8 以上</td><td rowspan="4">—</td><td rowspan="2">10 以下</td><td rowspan="4">300 以下</td></tr>
<tr><td>20</td><td>20 以上</td><td rowspan="3">—</td></tr>
<tr><td>25</td><td>25 以上</td><td rowspan="2">8 以下</td></tr>
<tr><td>30</td><td>30 以上</td></tr>
</table>

［注］ 透水性は，防水性ブロックだけに適用する．

4.5　組積造の耐久性

組積造建築物の材料のうち，石材は，最も耐久性の大きい材料の１つといえる．石材の主な劣化要因としては，**凍害**，**風化**，**摩耗**などが挙げられる．また，美観を損ねる現象として，**白華**が挙げられる．

凍害に対する耐久性は，当然のことながら吸水性と深い関係がある．吸水率の大きい砂岩や凝灰岩は，凍害の被害を受けやすい．風化とは，風や雨水による直接的な浸食や，温度変化に伴う膨張，収縮の繰り返しによる組織の脆弱化，および大気中や雨水に含まれる酸との化学作用などにより，表面から次第に劣化が進行する現象である．石灰成分（$CaCO_3$）を多く含む石灰岩，大理石，蛇紋岩や，比較的軟らかい砂岩，凝灰岩は，風化しやすい．特に大理石は，酸性雨の影響を受けやすく，屋外での使用は避けるべきである．また，摩耗に対する抵抗性（耐摩耗性）も石材の種類により異なり，花崗岩や安山岩，玄武岩などは耐摩耗性が大きいのに対し，砂岩，凝灰岩や大理石，蛇紋岩は小さい．

白華とは，目地などに充填したモルタルに含まれる硫酸塩，炭酸塩が水に溶けだし表面を白く汚す現象で，**エフロレセンス**ともいう．写真 4.6 に，白華が生じた壁面の例を示す．白華は，石材だけでなくれんがやタイル仕上げ面でも発生するが，石材では，吸水率が大きい砂岩などで発生しやすい．

れんがも，石材とともに，耐久性の大きい材料である，また，劣化要因も，石材とほぼ同様である．したがって，高温で焼成した，吸水率が小さく，表面が固いれんがほど，一般に耐久性が大きく，白華も生じにくい．

写真 4.6　白華の例

4章の問題

□**1**　次の各記述が正しければ○，誤りならば×を付けよ．

① 大理石は酸に侵されにくいので，環境条件の劣悪な場合に用いるのに最も適している．

② 大理石は500°C程度に加熱されるとコンクリート同様，圧縮強度が常温の約1/2に低下する．

③ 大谷石は凝灰岩の一種であり，耐久性に優れるが加工性にやや難がある．

④ 花崗岩は，常温で圧縮強度は大きいが，600°Cを超える高温域では圧縮強度は著しく低下する．

⑤ 石材の吸水率は，岩石の種類により大きくは異ならない．

⑥ 御影石は，火成岩の一種である．

⑦ 普通れんがは，粘土などを900〜1000°Cで焼成したもので，建築用セラミックスれんがと比較して，圧縮強度が小さく吸水率が大きい．主に門，塀などに用いられる．

⑧ れんがの代表的積み方であるイギリス積みは，長手面と小口面を水平方向に交互に並べる積み方である．

⑨ 白華とは，目地などに充填したモルタルに含まれる硫酸塩，炭酸塩が水に溶け出し表面を白く汚す現象である．

⑩ 石灰成分（$CaCO_3$）を多く含む石灰岩，大理石，蛇紋岩は，一般に風化しにくい．

⑪ 花崗岩や安山岩，玄武岩などは耐摩耗性が小さい．

⑫ れんがの積み方の基本は，芋目地にすることである．

⑬ 補強コンクリートブロックは，基本的に縦方向の鉄筋を通すため芋目地とする．

□**2**　組積造における開口部の設け方に用いられている「楣式」と「アーチ式」の違いについて述べよ．

第5章

膜構造に用いる材料

膜構造はテント構造と呼ばれ，以前は仮設的な構造物にしか適用できなかった．しかし材料，構法の発達に伴い恒久建築物としての使用が可能となり，最近では大空間を生み出す魅力的な構法として，積極的に利用されるようになってきている．本章では，現在の膜構造の概要を説明するとともに，膜構造に用いられる材料とその性質について説明する．

5.1　膜構造の原理および概要

5.1.1　皮膜式構法の発達

写真 5.1，5.2 に示すのは，世界各地で見られるテントの住宅，すなわち**皮膜式構法**の建築物である．これらは，世界中の辺境の地に分布している．定住して農耕を営むのに適さない厳しい風土の中で，移動を前提とした住宅の構法として，皮膜式構法は発達した．

皮膜式構法の建築物は，草木で組み立てた骨組みに膜材を巻き付けるタイプと，木製の支柱をいくつか建てそこから周囲に向かって膜材を張るタイプの，2 種に分類することができる．いずれにしても，簡単に組み立てられ，簡単に撤去でき，簡単に持ち運びできるのが，共通する大きな特徴である．

現在では，写真 5.3，5.4 に示すように，膜材料の軽量で引張りに強い性質を利用した大規模建築物が，世界各地に建設されている．

写真 5.1
パオ［モンゴル］
（写真提供：麓和善 氏（名古屋工業大学名誉教授））

写真 5.2
ベルベル人のテント［モロッコ］
（Carlos ZGZ, 2019）

写真 5.3
出雲ドーム［島根県］
（写真提供：鹿島）

写真 5.4
東京ドーム［東京都］
（写真提供：鈴木利典 氏）

5.1.2　力 学 原 理

図 5.1 に，膜構造の力学原理を示す．膜材料は，引張力のみ伝達する．そのため，膜材料を緊張させるためには，何らかの方法で反力となる圧縮力を分担する必要がある．この圧縮力の分担方法により，膜構造は，大きく 2 種に分類できる．

図 5.1 の (a) は，柱，壁などからなる架構を組み，その頂部から膜材料を張る方法で，圧縮力は架構が分担する．一方，(b) は，空気圧の差を利用して膜を緊張させ，空間を造り出す方法で，圧縮された空気が圧縮力を分担する．

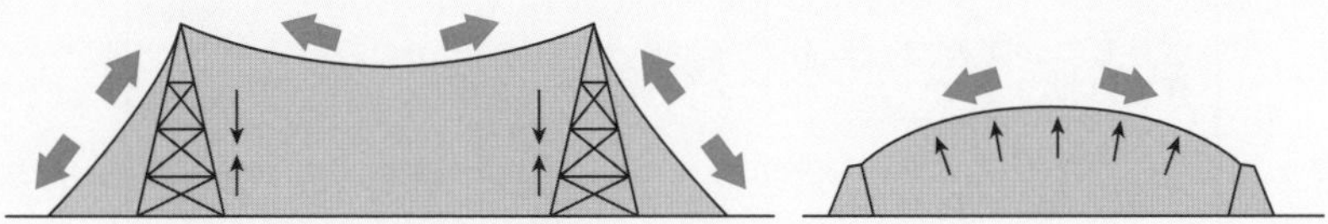

(a) 架構式　(b) 空気圧式

図 5.1　膜構造の力学原理

5.2　膜材料に要求される性質と一般的知識

5.2.1　補強膜材料の構成

現在，**膜構造**には，補強材料としての織布（基布）の表面をコーティング材料で仕上げた，柔軟性を持つ**補強膜材料**が用いられる．主として基布が力学材料としての役割を果たし，**コーティング材**が遮断材料としての役割を果たす．図5.2にその構成を示すが，補強膜材料は補強材料がコーティング層に挟み込まれた構造を持つ．補強材料，コーティング材料には表5.1に示すものが用いられるが，大規模膜構造物には耐久性に優れる**ガラス繊維補強材**にテフロンコーティングの施された**テフロン膜**材料が用いられる．

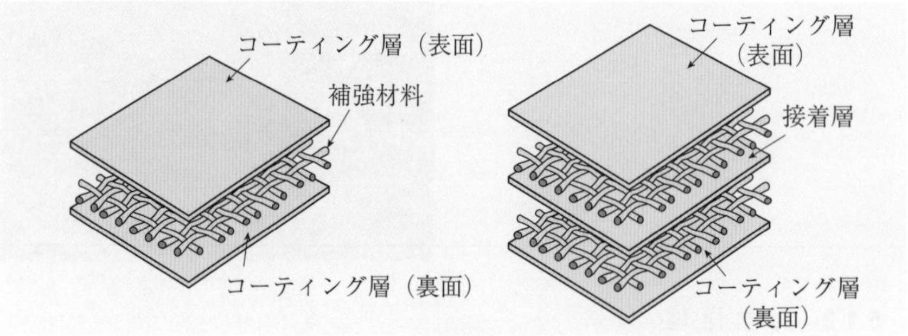

図5.2　補強膜材の構成[5]

表5.1　補強膜材料の種類

補強材料	コーティング材料
綿繊維	ポリ塩化ビニル
ポリアミド系 合成繊維（ナイロン）	クロロプレンゴム（**ネオプレン**）
ポリエステル系 合成繊維（テトロン）	クロロスルホン化 ポリエチレンゴム（**ハイパロン**）
ポリビニルアルコール系 合成繊維（ビニロン）	ブチルゴム
ガラス繊維 径 3μ，5μ，6μ	四フッ化エチレン樹脂（**テフロン**）

5.2.2　力学的性質

補強材料としての基布は縦糸と横糸から構成されているため，図 5.3 に示すように長手（縦方向）と幅（横方向）で力学的性質が異なる．一般に長手方向のほうが引張り強さは大きく伸びは小さい．また補強膜構造では膜材に二軸方向から力が加わるため，設計には長手，幅方向の二方向からの引張り状態での力学的挙動のデータが必要である．そのため図 5.4 に示すような**二軸引張り試験**用の特殊な形状の試験体により測定される．長手方向と幅方向の荷重の比が異なれば全体の変形状態は変わる．

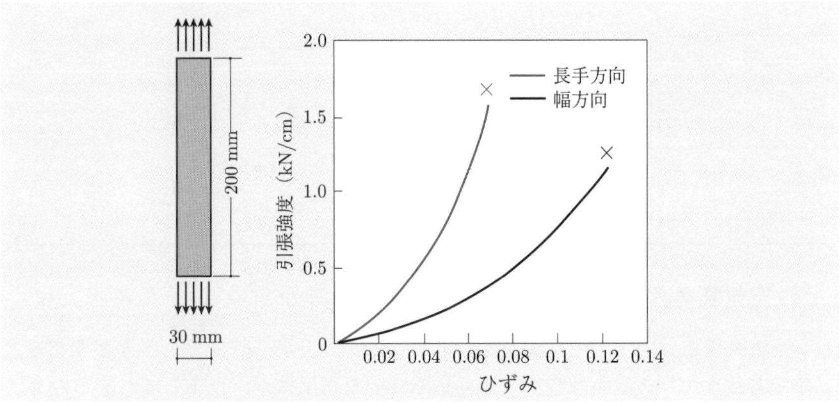

図 5.3　一軸引張り試験方法および測定例―ガラス繊維／テフロン膜（引張速度 100 mm/分，20 °C）[5]

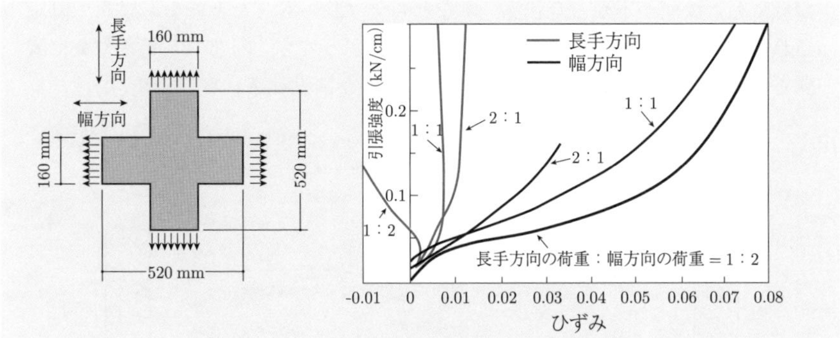

図 5.4　二軸引張り試験方法および測定例―ガラス繊維／テフロン膜（引張速度 2 mm/分，20 °C）[36]

5.2.3　光透過性

この材料は図5.5に示すようにある程度の光を透過させるのも特徴である．そのため日中の照明を減らすことができる．

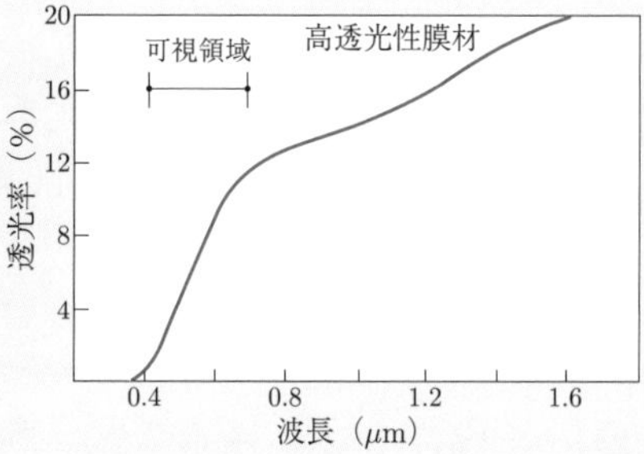

図5.5　透光率測定例—ガラス繊維/テフロン膜[36]

空気膜構造で膜材料が破れたときどうなるか

空気膜構造は内圧が屋根面を保持しているが，万が一破損したときどうなるのであろうか．あるいは空気を送り込んでいた送風機が，止まってしまったときはどうなるのであろうか．そのときは当然，膜面が下に下がってくる．下に人がいたりすると避難ができず大事故になる危険がある．そのことを避けるため空気膜構造では，膜面が降下しても下にクリアランスがとれるように，圧力が低下し，膜面が下がった状態，すなわちデフレートしたときを考慮して計画される．すなわち図5.6に示すように膜が下がっても，内部の人間を安全に避難させるため，床面より高い位置に留まるように設計される．

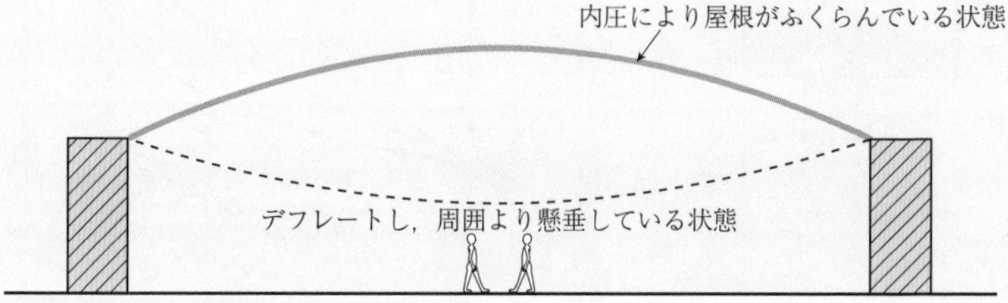

図5.6　空気膜構造でのデフレートシステム

5.3　膜材料の耐久性

補強膜材料の種類によって差はあるが，その中でテフロン膜材料は優れた耐久性を持ち恒久的な建築物への使用が可能である．一般に膜構造建物では30年程度の耐用年数を持つといわれており，我が国でも30年以上の使用実績をもつ建物が出はじめている，図5.7にテフロン膜材料の屋外暴露試験結果を示すが，経年とともに強度は緩やかに進むものの30年間経過しても60％以上の強度を保持している，

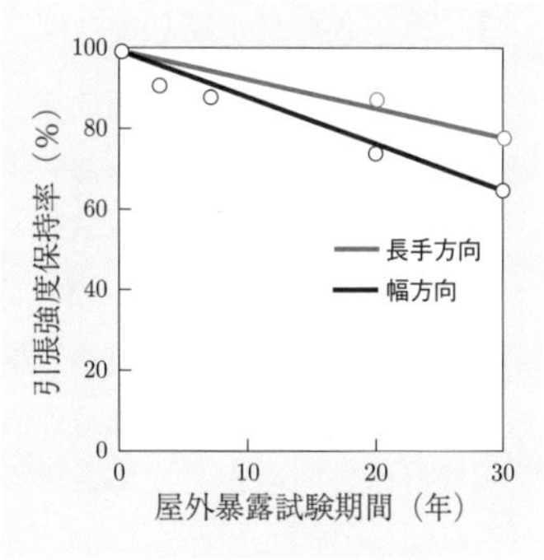

図 5.7　テフロン膜材料の大阪での屋外暴露試験結果[72]

膜構造建築物の雪，風対策

膜材料の軽量さと，引張りに強い性質を利用した膜構造建築物は，他の材料，構法の建築物と比較して積雪や強風に対して弱い面を持っており，様々な工夫がなされている．

積雪に対しては，膜構造の屋根上に雪をなるべく滞留させないことが肝要である．多くの膜構造建築物では，一般に表面が比較的すべりやすい膜材料が用いられていることから，雪が降っても積もらずにすべり落ちるよう，屋根の形状などに配慮した設計がなされている．また，降雪時に，温風などを利用して屋根の温度を上げ，雪を溶かすようにしている例もある．さらに，動力を用いて膜材料を振動させ，雪を落とす方法なども検討されている．

一方，強風時には，膜材料で構成された屋根が振動し，吊ってある照明や視覚情報機器などの揺れを介して，中にいる人間に不快感，不安感を与える事例が報告されている．このような強風時の振動を防ぐためには，設計段階で，屋根としての有効質量や面外剛性の確保に留意する必要がある．なお，空気圧式の膜構造建築物の中には，強風時に通常より内部と外部の空気圧差を高くし屋根としての面外剛性を高める方法で，振動を低減させているものもある．

5 章の問題

□**1**　次の各記述が正しければ○，誤りならば×を付けよ．

① 膜構造に用いる膜材料は，織布が遮断材料，コーティング材が力学材料として機能する複合材料である．

② 膜構造材料の補強材料としては，ガラス繊維などが用いられる．

③ 膜構造に用いられる膜材料は，一般的に透光性のあるのが特徴である．

④ 膜構造に用いる膜材料は引張り力だけが作用するように用いる．

⑤ 膜材料の織布は，縦糸と横糸から構成され，方向によって伸び率が異なるので，設計時に考慮が必要である．

付録　主要構造材料の主な性質の比較

我が国における主要な構造材料であるコンクリート，木材，鋼材を対象に，構造材料として重要な性質を比較した結果を，付表に示す．

付表　主要構造材料の主な性質の比較

		コンクリート (普通コンクリート)	木材 (針葉樹)	鋼材 (SN400A)	序列
均質さ		複合材料，現場施工	天然材料	工業製品	S>C>W
方向性のなさ		引張り，曲げ強度は圧縮強度の 10％程度	繊維直交方向の強度は繊維方向の 5～20％程度	圧縮と引張り強度は同等，方向性なし	S>C, W
強度	圧縮	18～36 N/mm^2	34～55 N/mm^2*	400～510 N/mm^2	S>W>C
	引張り	圧縮強度の 10％程度	圧縮強度の 200～250％*	400～510 N/mm^2	S>W>C
	曲げ	圧縮強度の 10％程度	圧縮強度の 150～200％*	引張り強度の 90～100％	S>W>C
	剪断	圧縮強度の 15％程度	圧縮強度の 15～20％*	引張り強度の 65～80％	S>W>C
比重		2.3 程度	0.30～0.55	7.79～7.87	S>C>W
比強度(圧縮)		7.8～15.7 N/mm^2	82～118 N/mm^2*	51～65 N/mm^2	W>S>C
弾性係数		2.0～3.0 $\times 10^4$ N/mm^2	0.5～1.0 $\times 10^4$ N/mm^2*	20～22 $\times 10^4$ N/mm^2	S>C>W
クリープに対する強さ		クリープ限度は静的強度の 80％程度	クリープ限度は静的強度の 40～60％程度	400 °C 程度以下ではクリープは起こらない	S>C>W
疲労に対する強さ		200 万回疲労強度は静的強度の 50％程度	疲労限度は静的強度の 22～38％程度(限界繰返し回数 10^5～10^7 回)	疲労限度は静的強度の 55～70％程度(限界繰返し回数 10^6～10^7 回)	S>C>W
じん性		最大応力度(圧縮)での歪み度 0.2％程度	最大応力度(圧縮)での歪み度 0.3～0.5％程度	破断時(引張り)の伸び 24～36％程度	S>W>C
耐火性		コンクリート自体は 500 °C で強度約 1/2	火災危険温度 260 °C	500 °C で強度約 1/2 900 °C で強度約 1/10	C (RC 造)>S>W
比熱		0.88 kJ/kg·K 程度	1.30 kJ/kg·K 程度	0.50 kJ/kg·K 程度	W>C>S
熱伝導率		1.6 W/m·K 程度	0.12 W/m·K 程度	55 W/m·K 程度	S>C>W

［注］ *：繊維方向　　C：コンクリート，W：木材，S：鋼材

問題略解

第1章

□**1**

① ×：コンクリートは500 °Cまで加熱すると，圧縮強度が常温の約1/2まで低下する．

② ×：コンクリートと鋼材の熱膨張係数は 10×10^{-6} /°Cとほぼ同じである．

③ ○

④ ×：コンクリート中のアルカリ濃度は，pH = 13前後の強アルカリ性を示すが，空気中の炭酸ガスにより中和反応を起こし，pHを低下させ，鉄筋を錆びさせる原因となる．

⑤ ○

⑥ ○

⑦ ○

⑧ ○

⑨ ×：コンクリートのスランプは，フレッシュコンクリートの流動性の程度を示すものである．

⑩ ○

⑪ ○

⑫ ○

⑬ ×：骨材は，大小の粒径が適当に混ざっていることが大切であり，同一粒径であると空隙率が増大するため，結果として硬化コンクリートの品質を低下させる．

⑭ ×：細骨材率が低すぎると，セメントペーストが骨材間をつなぐ効果が

低下するため，強度は低下しやすくなる．

⑮　○

⑯　×：低熱ポルトランドセメントは短期強度が低い．

⑰　○

⑱　×：減水剤は，空気を連行させないため耐凍結融解性はない．

⑲　○

⑳　○

㉑　○

㉒　×：単位水量は 185 kg/m^3 以下にする．

㉓　○

㉔　○

㉕　×：凝結 ⇒ 硬化

㉖　○

㉗　×：コンクリートの中性化とは，コンクリート中の水酸化カルシウムと空気中の炭酸ガス（二酸化炭素）の反応により，コンクリートの pH が小さくなることをいう．この場合，pH は 7 までは小さくならない．したがって，空気中の炭酸ガス濃度が高ければ，コンクリートは早く中性化する．

㉘　○

㉙　○

㉚　○

□**2**　(1)　圧縮，(2)　引張，(3)　1×10^{-5} /°C，(4)　膨張，収縮，(5)　コンクリート，(6)　鉄筋，(7)　$Ca(OH)_2$，(8)　強アルカリ

□**3**　(1)，(2) 本文を参照

□**4**

［**調合強度**］

設計基準強度 F_c は 21 N/mm^2 と与えられている．次に，計画供用期間の級が標準であることから，耐久設計基準強度 F_d は，表 1.5 より 24 N/mm^2 となる．よって，コンクリートの品質基準強度 F_q は，1.6.3 項の式 (1) より，

$$F_{\mathrm{q}} = \max(F_{\mathrm{c}}, F_{\mathrm{d}}) = 24\ (\mathrm{N/mm^2})$$

となる.

次に，打込み後材齢 28 日までの予想平均気温が 15 °C の場合，構造体強度補正値 ${}_{28}S_{91}$ は表 1.6 より 3 N/mm^2 となる．したがって，調合管理強度 F_{m} は式 (2) より，

$$F_{\mathrm{m}} = F_{\mathrm{q}} + {}_{28}S_{91} = 24 + 3 = 27\ (\mathrm{N/mm^2})$$

となる.

次に，コンクリート強度の標準偏差 σ は 2.5 N/mm^2 と与えられている．調合強度 F は，式 (3)，式 (4) に，F_{m} と σ を代入して求めた 2 つの計算値のうち，大きいほうとする.

$$F \geqq F_{\mathrm{m}} + 1.73\sigma = 27 + 1.73 \times 2.5 = 31.3\ (\mathrm{N/mm^2})$$
$$F \geqq 0.85F_{\mathrm{m}} + 3\sigma = 0.85 \times 27 + 3 \times 2.5 = 30.5\ (\mathrm{N/mm^2})$$

よって，調合強度 F は 31.3 N/mm^2 である.

［**計画調合**］

(1) **水セメント比**：式 (11) を用いて，水セメント比 x を求める.

$$31.3 = 25.9\ C/W - 16.4$$
$$C/W = (31.3 + 16.4)/25.9 = 1.842$$
$$x = W/C = 1/1.842 \times 100 = 54.3\ (\%)$$

この水セメント比の値は，表 1.9 に示した「標準」の場合の水セメント比の最大値（65 %）より小さいので問題ない.

(2) **単位水量**：表 1.11 から，水セメント比 50 %，スランプ 18 cm の単位水量は 183 kg/m^3 である．また，水セメント比 55 %，スランプ 18 cm の単位水量は 179 kg/m^3 である．これらの値を用いて直線補間により水セメント比 54.3 %のときの単位水量 W を求めると，

$$W = 179 + (183 - 179) \times \frac{55 - 54.3}{55 - 50} = 179\ (\mathrm{kg/m^3})$$

となる（単位水量は整数で表す．また，小さいほうがよいので，小数以下は切り捨てる）．

(3) **単位セメント量**：単位セメント量 C は，水セメント比と単位水量から求まる．

$$C = \frac{W}{x} \times 100 = \frac{179}{54.3} \times 100 = 330\ (\mathrm{kg/m^3})$$

この値は，単位セメント量の最小値 270 kg/m^3 を上回り，かつ，最大値 450 kg/m^3 を下回っているので問題ない．

セメントの絶対容積 V_c は，

$$V_\mathrm{c} = \frac{330}{3.16} = 104\ (\ell/\mathrm{m^3})$$

(4) **単位粗骨材量**：表 1.11 から，水セメント比 54.3％，スランプ 18 cm の場合の単位粗骨材かさ容積の値を求めると 0.60 m^3/m^3 である．この値に砕石の実積率を乗じて粗骨材の絶対容積 V_g を求める．

$$V_\mathrm{g} = 0.60 \times 60\ (\%) \times \frac{1000}{100} = 360\ (\ell/\mathrm{m^3})$$

単位粗骨材量 G は，単位容積 V_g に粗骨材の表乾密度を乗じて，

$$G = 360 \times 2.64 = 950\ (\mathrm{kg/m^3})$$

である．

(5) **単位細骨材量**：これまで求めた，単位水量 W，単位セメント量 C，単位粗骨材量 G および空気量 4.5％（45 ℓ/m^3）より，細骨材の単位容積 V_s は次式から求める．

$$\begin{aligned} V_\mathrm{s} &= 1000 - (V_\mathrm{w} + V_\mathrm{c} + V_\mathrm{g} + V_\mathrm{air}) = 1000 - (179 + 104 + 360 + 45) \\ &= 312\ (\ell/\mathrm{m^3}) \end{aligned}$$

単位細骨材量 S は，単位容積 V_s に細骨材の表乾密度を乗じて，

$$S = 312 \times 2.60 = 811\ (\mathrm{kg/m^3})$$

(6) **細骨材率**：

$$\frac{s}{a} = \frac{V_\mathrm{s}}{V_\mathrm{s} + V_\mathrm{g}} \times 100 = \frac{312}{312 + 360} \times 100 = 46.4\,(\%)$$

(7) **化学混和剤の使用量**：AE 減水剤の使用量は，単位セメント量 C の 1.00％ であるから，

$$C \times 1.00\,(\%) = 330 \times \frac{1.00}{100} = 3.30\,(\mathrm{kg/m^3})$$

また，その容積は，AE 減水剤の密度が 1.05 (g/mℓ) であるから，

$$\frac{3.30}{1.05} \times 1000 = 3143\,(\mathrm{m\ell/m^3})$$

となる．

(8) **計画調合表**：以上より，求めた計画調合は次の表のようになる．

計画調合表

品質基準強度 F_q (N/mm²)	調合管理強度 F_m (N/mm²)	調合強度 F (N/mm²)	スランプ (cm)	空気量 (%)	水セメント比 (%)	細骨材率 (%)	単位水量 (kg/m³)	絶対容積 (ℓ/m³)				質 量 (kg/m³)				化学混和剤の使用量 (mℓ/m³)
								セメント	細骨材	粗骨材	混和材	セメント	＊細骨材	＊粗骨材	混和材	
24.0	27.0	31.3	18	4.5	54.3	46.4	179	104	312	360	—	330	811	950	—	3143

［注］ ＊ 骨材は表乾状態である．

□5

$$\textbf{圧縮強度}：\sigma_\mathrm{c} = \frac{P}{\pi}\left(\frac{d}{2}\right)^2 = \frac{236\,\mathrm{kN}}{3.14 \times (100\,\mathrm{mm}/2)^2}$$

$$= 30.1\,(\mathrm{N/mm^2})$$

$$\textbf{引張強度}：\sigma_\mathrm{t} = \frac{2P}{\pi}dl = \frac{2 \times 95\,\mathrm{kN}}{3.14 \times 100\,\mathrm{mm} \times 200\,\mathrm{mm}}$$

$$= 3.0\,(\mathrm{N/mm^2})$$

なお，σ_c，σ_t：強度（$\mathrm{N/mm^2}$），P：荷重（N），d：供試体の直径（mm），

l：供試体の長さ（mm）

よって，引張強度に対する圧縮強度の比 (σ_c/σ_t) は，約 10 倍となる．

□6　圧縮強度：

$$\sigma_c = \frac{P}{\pi}\left(\frac{d}{2}\right)^2 = \frac{204\,\mathrm{kN}}{3.14 \times (100\,\mathrm{mm}/2)^2}$$
$$= 26.0\,(\mathrm{N/mm^2})$$

(i)　**最大荷重時：**

$$\text{変位量} = 0.4$$
$$\varepsilon = \frac{0.4}{200} = 0.002$$

(ii)　**破壊時：**

$$\text{変位量} = 0.7$$
$$\varepsilon' = \frac{0.7}{200} = 0.0035$$

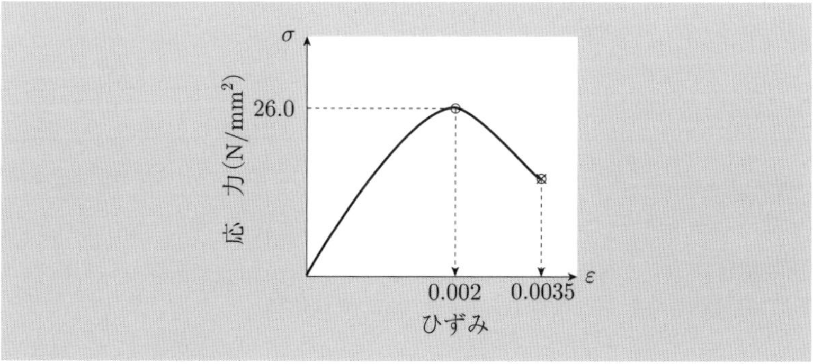

第2章

□1

①　○

②　×：木材の気乾状態での平衡含水率は，15％程度である．

③ ○

④ ×：木材の乾燥収縮は，含水率30％程度を境にそれ以下で急激に大きくなる．

⑤ ○

⑥ ○

⑦ ○

⑧ ○

⑨ ×：木材では，一般的に心材のほうが辺材より強度は高い．

⑩ ○

⑪ ○

⑫ ×：針葉樹より広葉樹の強度のほうが大きい．

⑬ ○

⑭ ×：柾目取りは，板目取りに比べ，木材を製材する際の歩留まりがよくない．

⑮ ×：比重と木材の耐腐朽性に関連性はない．

⑯ ○

⑰ ○

⑱ ○

□2

構法の種類	主な構成部材	構成部材の接合方法（使用接合具）	特　徴
在来軸組構法（木造軸組構法）	柱，横架材（土台，梁，桁など），筋かい，火打，小屋組	継手・仕口，釘，接合金物	間取りに制約が少ない．窓・出入口を開放的に比較的大きくとれる．
枠組壁工法（ツーバイフォー構法）	枠組，面材により構成された壁・床・屋根	釘，接合金物	作業が単純．気密性がとりやすい．

□**3**

木質材料	エレメント	用　途
集成材	ひき板	構造用材
CLT (Cross Laminated Timber)	ひき板	用途は本文中の記載に準ずる
合　板	単板	耐力壁・床用面材
LVL (Laminated Veneer Lumber)	単板	構造用軸材
OSB (Oriented Strand Board)	ストランド	耐力壁用面材
MDF (Medium Density Fiberboard)	繊維	構造用面材， 各種下地材，家具

エレメントが小さいほど

- 原料の選択肢も豊富で，歩留まりが大きく，気乾状態での収縮やくるいが小さい．
- 強度のばらつきが小さい．

□**4**　水と木材の比重を比較して答える．

シラカシ（比重：0.83），クロマツ（比重：0.54），キリ（比重：0.30）

□**5**　気乾時の寸法を X とすると，

$$X = 10 \times \frac{100 - 3.5}{100} = 9.65\ (\mathrm{cm})$$

第3章

□**1**

① ○

② ×：炭素量が 0.85 %までは引張り強さが増加するが，それ以降は減少する．

③ ○

④ ○

⑤ ×：鋼材表面温度が平均 350 °C 以下に保つように設計しなければならない．

⑥ ○

⑦ ×：赤錆とは，水酸化第二鉄である．

⑧ ○

⑨ ×：イオン化傾向が大きいほうが侵される．

⑩ ×：炭素量を増加させると，じん性は低下する．

⑪ ×：普通鋼の比重は，約 7.9 である．

⑫ ×：18–8 ステンレス鋼には，約 18 %のクロムと約 8 %のニッケルが含まれている．

⑬ ×：建築構造物の耐震安全性を確保するには，降伏比の低い値とすることが望ましい．

⑭ ×：軽量形鋼は，冷間ロール成形して作られる 2 次加工製品である．

⑮ ×：鋼材の数字は引張り強さの下限値を示す．

□2

$$\textbf{鉄筋ひずみ}：\varepsilon_{\mathrm{s}} = \frac{2.0\,\mathrm{mm}}{2 \times 10^3\,\mathrm{mm}} = 1 \times 10^{-3}$$

$$\textbf{降伏ひずみ}：\varepsilon_{\mathrm{y}} = \frac{f_{\mathrm{y}}}{E_{\mathrm{s}}} = \frac{390\,\mathrm{N/mm^2}}{2.05 \times 10^5\,\mathrm{N/mm^2}} = 1.9 \times 10^{-3}$$

よって $\varepsilon_{\mathrm{s}} < \varepsilon_{\mathrm{y}} \rightarrow$ 降伏していない．

$$\textbf{鉄筋応力}：\sigma_{\mathrm{s}} = E_{\mathrm{s}}\varepsilon_{\mathrm{s}} = 2.05 \times 10^5 \times 1 \times 10^{-3}$$
$$= 205\ (\mathrm{N/mm^2})$$

□3

$$\varDelta L = \alpha \times \varDelta t \times L_0 = 11.2 \times 10^{-6} \times (100 - 20) \times 2 \times 10^3$$
$$= 1.792\ (\mathrm{mm})$$

第4章

□1

① ×：大理石は，酸に侵されやすい．
② ○
③ ×：大谷石は，耐久性は劣るが加工性が良い．
④ ○
⑤ ×
⑥ ○
⑦ ○
⑧ ×：イギリス積みは，小口ばかりの層と長手ばかりの層を交互に繰り返す積み方である．
⑨ ○
⑩ ×：石灰成分（$CaCO_3$）を多く含む石灰岩，大理石，蛇紋岩や，比較的軟らかい砂岩，凝灰岩は，風化しやすい．
⑪ ×：花崗岩や安山岩，玄武岩などは耐摩耗性が大きいのに対し，砂岩，凝灰岩や大理石は小さい．
⑫ ×：れんがの積み方は「破れ目地」が基本である．
⑬ ○

□2 本文を参照

第5章

□1

① ×：膜材料は，織布が力学材料，コーティング材が遮断材料として機能する複合材料である．
② ○
③ ○
④ ○
⑤ ○

参 考 文 献

［1］ 藤本盛久編：構造物の技術史，市ヶ谷出版社，2001.

［2］ 若山滋，TEM 研究所：世界の建築術―人はいかに建築してきたか，彰国社，1986.

［3］ 日本建築学会編：構造用教材，丸善，1995.

［4］ 嶋津孝之，福原安洋，在永末徳，松尾彰，中山昭夫，蓼原真一：建築材料 第 3 版，森北出版，2001.

［5］ 日本建築学会編：建築材料用教材，丸善，2013.

［6］ 田村恭編著：建築材料要説，産業図書，1980.

［7］ 原田有他：建築材料，理工図書，1976.

［8］ 日本建築学会編：建築材料実験用教材，丸善，2000.

［9］ 小畠克朗，谷口英武：建築構法＜ S 造と RC 造＞―その発想の原点から施工まで，建築技術，1993.

［10］ セメント協会編：セメントの常識，2020.

［11］ 橘高義典，杉山央：新編建築材料，市ヶ谷出版社，2003.

［12］ H.F.W. Taylor：The Chemistry of Cement, Vol. 1, 1964.

［13］ 日本建築学会編：建築工事標準仕様書・同解説 JASS 5 鉄筋コンクリート工事，丸善，2018.

［14］ Bureau of Reclamation：Concrete Manual 8th ed., 1975.

［15］ 日本コンクリート工学協会編：コンクリート技師研修テキスト，2002.

［16］ 日本コンクリート工学協会編：コンクリート便覧 第二版，技報堂出版，1996.

［17］ 彰国社：コンクリート技術教本，彰国社，1997.

［18］ 日本建築学会編：コンクリートの調合設計指針・同解説，丸善，2015.

［19］ 日本建築学会編：コンクリートポンプ工法施工指針・同解説，丸善，1994.

［20］ 内田祥哉，深尾精一監修，佐藤芳夫，安藤俊建，本多勉，角田誠執筆：図解建築工事の進め方―鉄筋コンクリート造，市ヶ谷出版社，1998.

［21］ 林知行：ここまで変わった木材・木造建築，丸善，2003.

［22］ 菊池重昭 編著：建築木質構造，オーム社，2001.

［23］ 浜田稔：建築材料学，丸善，1964.

[24] 林業試験場編：木材工業ハンドブック，丸善，1958.
[25] 木質構造研究会編：木質構造建築読本―ティンバーエンジニアリングのすべて，井上書院，1988.
[26] 今村祐嗣，川井秀一，則元京，平井卓郎編著：建築に役立つ木材・木質材料学，東洋書店，1997.
[27] 日本木材学会編：スライド木材の組織・構造，日本木材学会創立 30 周年記念事業委員会，1987.
[28] 日本建築学会編：建築工事標準仕様書・同解説 JASS 11 木工事，丸善，2000.
[29] 日本建築学会編：建築工事標準仕様書・同解説 JASS 6 鉄骨工事，丸善，2002.
[30] 日本鋼構造協会編：日本鋼構造協会誌，Vol. 4，No. 33.
[31] M.FUJIMOTO, F.FURUMURA, T.AVE and Y.SHINOHARA：Primary Creep of Structural Steel (SS41) at High Temperature, Trans. of A.I.J., No. 296, Oct, 1980, pp. 145-157.
[32] 桑村仁：鋼構造の性能と設計，共立出版，2002.
[33] 日本建築学会編：建築工事標準仕様書・同解説 JASS 7 メーソンリー工事，丸善，2000.
[34] 石井一夫，安宅信行：膜構造の設計，工業調査会，1969.
[35] 日本膜構造協会編，建設省住宅局建築指導課監修：膜構造建築物技術基準・同解説.
[36] 膜構造の研究 137，1982，太陽工業.
[37] 合板の日本農林規格，日本農林規格協会，2019.
[38] 集成材の日本農林規格，日本農林規格協会，2019.
[39] 構造用集成材の日本農林規格，日本農林規格協会，2003.
[40] 単板積層材の日本農林規格，日本農林規格協会，2020.
[41] 構造用単板積層材の日本農林規格，日本農林規格協会，2003.
[42] 構造用パネルの日本農林規格，日本農林規格協会，2019.
[43] 枠組壁工法構造用たて継ぎ材の日本農林規格，日本農林規格協会，2020.
[44] 枠組壁工法構造用製材の日本農林規格，日本農林規格協会，2020.
[45] 機械による曲げ応力等級区分を行う枠組壁工法構造用製材の日本農林規格，日本農林規格協会，1991.
[46] 針葉樹の構造用製材の日本農林規格，日本農林規格協会，2001.
[47] JIS A 5905　繊維板，日本規格協会，2014.
[48] JIS A 5908　パーティクルボード，日本規格協会，2015.
[49] 接合金物規格（Z マーク表示金物），日本住宅・木材技術センター，2003.

[50] 枠組壁工法用金物規格（C マーク表示金物），日本住宅・木材技術センター，1998.

[51] 木造住宅用接合金物の使い方 ―Z マーク表示金物と同等認定金物―，日本住宅・木材技術センター，2001.

[52] C マーク表示金物 枠組壁工法用接合金物の使い方，日本住宅・木材技術センター，1997.

[53] 写真でみる接合金物の使い方，日本住宅・木材技術センター，2000.

[54] 現場で役立つ建築用木材木質材料の性能知識，日本住宅・木材技術センター，2002.

[55] 防虫処理材のすすめ，日本住宅・木材技術センター，1998.

[56] 彰国社編：建築大辞典 第 2 版，彰国社，1993.

[57] 木材活用事典編集委員会編：木材活用事典，産業調査会，1997.

[58] 最新木材工業事典出版委員会編：最新木材工業事典，日本木材加工技術協会，1999.

[59] 新しい木質建材，日刊木材新聞社，1995.

[60] 梶田熙，今村祐嗣，川井秀一，則元京編著：図解 木材・木質材料用語集，東洋書店，2002.

[61] 最新木質建材 素材からエンジニアードウッドまで 解説集，日本木材加工技術協会関西支部，2002.

[62] 佐道健：木がわかる 知っておきたい木材の知識，学芸出版社，2002.

[63] 住吉寅七，松井源吾：木造の継手と仕口，鹿島出版会，1989.

[64] コンクリート用語辞典編集委員会編：コンクリート用語辞典，日本コンクリート工学協会，1983.

[65] JIS G 3112 鉄筋コンクリート用棒鋼，日本規格協会，2020.

[66] 原田有：コンクリートおよび部材の火災特性について，コンクリートジャーナル，Vol. 11，No. 8，p.49，1973.

[67] JIS A 1304 建築構造部分の耐火試験方法，日本規格協会，2017.

[68] JIS G 3136 建築構造用圧延鋼材，日本規格協会，2012.

[69] JIS A 5210 建築用セラミックメーソンリーユニット，日本規格協会，1994.

[70] JIS R 1250 普通れんが及び化粧れんが，日本規格協会，2011.

[71] JIS A 5406 建築用コンクリートブロック，日本規格協会，2019.

[72] 阿部和広，豊田宏：PITE コーテッドガラス繊維織物の屋外暴露 30 年の耐久性評価，日本建築学会大会学術講演梗概集，2014.

索　　引

さ 行

た　行

な　行

は　行

英数字

著者略歴

横《よこ》山《やま》　裕《ゆたか》

1988 年　東京工業大学 大学院理工学研究科 建築学専攻 博士課程修了
現　　在　東京工業大学 環境・社会理工学院 建築学系・教授
工学博士

三《み》上《かみ》　貴正《たかまさ》

1985 年　東京工業大学 大学院理工学研究科 建築学専攻 博士課程修了
現　　在　東京工業大学 環境・社会理工学院 建築学系・准教授
工学博士

田《た》中《なか》　享《きょう》二《じ》

1971 年　北海道大学 大学院理工学研究科 建築工学専攻 修士課程修了
現　　在　東京工業大学・名誉教授
工学博士

建築工学＝EKA-1
新・建築材料I〈第2版〉
[構造材料編]

2004年 5月25日© 初版発行
2020年 3月10日 初版第13刷発行
2021年 6月10日© 第2版発行

著者 横山 裕 発行者 矢沢和俊
三上貴正 印刷者 小宮山恒敏
田中享二

【発行】 株式会社 数理工学社
〒151–0051 東京都渋谷区千駄ヶ谷1丁目3番25号
編集☎（03）5474–8661（代） サイエンスビル
【発売】 株式会社 サイエンス社
〒151–0051 東京都渋谷区千駄ヶ谷1丁目3番25号
営業☎（03）5474–8500（代） 振替 00170–7–2387
FAX☎（03）5474–8900

印刷・製本 小宮山印刷工業（株）

≪検印省略≫

サイエンス社・数理工学社の
ホームページのご案内
https://www.saiensu.co.jp
ご意見・ご要望は
suuri@saiensu.co.jp

ISBN978–4–86481–071–5

PRINTED IN JAPAN